Sibylle Enguel

Warum nicht Mexiko.

drei prägende Jahre

Autobiografie

Bibliografische Information der Deutschen Nationalbibliothek: Die Deutsche Nationalbibliothek verzeichnet diese Publikation in der Deutschen National-bibliografie; detaillierte bibliografische Daten sind im Internet über dnb.dnb.de abrufbar.

Frontcover-Gestaltung: Bettina Reichl / www.bettinareichl.com
Umschlagbild: »Sibylle Enguel Mexiko« (2018) von Bettina Reichl ©
100 cm x 120 cm, Acryl auf Leinwand
Umschlagfoto: © Caroline Minjolle / www.minjollefoto.ch
Umschlaglayout: Olav Enguel

Herstellung und Verlag: BoD – Books on Demand, Norderstedt

ISBN 978-3-7504-0576-9

Nur wer Geschichten schreibt, hat auch gelebt.
Wenn ich meine Geschichte erzähle, lasse ich sie los.

(inspiriert von einer Filmszene aus »Outlander«)

Sibylle Enguel, geboren 1971 in Zürich, schrieb als Kind gerne Geschichten für ihre jüngere Schwester. Und es zog sie schon immer in die Ferne. Nach der Matura absolvierte sie einen kaufmännischen Bildungsgang und war für sieben Jahre in der Versicherungsbranche tätig. Danach drückte sie nochmals die Schulbank und erlangte das Primarlehrerdiplom. Sie lebte zeitweise in Israel, später arbeitete sie als Primarlehrerin in Mexiko. Heute verdient sie den Lebensunterhalt als kaufmännische Allrounderin und lebt zusammen mit ihren beiden Töchtern in Zürich. Die Liebe zum Schreiben begleitet sie bis heute. Die Autobiografie »Warum nicht Mexiko.« ist ihr Erstlingswerk.

für meine beiden Töchter Milena & Natalia

Inhalt

Prolog

Día libre – Waschtag

Wie viele Kleidungsstücke warten noch darauf, von mir von Hand geschrubbt zu werden? Es ist schon erleichternd, dass wir über ein genau zu diesem Zweck mit Rillen ausgestattetes Waschbecken verfügen. Noch drei Männerjeans, verschmutzt mit Kuhdreck, dazu einige wirklich arg strapazierte Maurerhosen und T-Shirts – und dann sind da noch ein paar Umstandskleider von mir. Das wird noch eine Weile dauern…

Die tropische Hitze trägt dazu bei, dass mir Strähnen meines dunklen Lockenschopfs im Gesicht kleben. Ich halte kurz inne, Schweisstropfen bahnen sich ihren Weg von der Stirn über die Nase, um dann auf die eingeseifte Wäsche vor mir zu tropfen. Ich richte meinen über dem Waschbecken gebeugten, von der stundenlangen Schrubberei geschundenen Rücken auf, wische meine Hände an der luftigen Haremshose ab, massiere die schmerzende Partie auf der Höhe des fünften und sechsten Lendenwirbels und lasse meinen Blick über den Patio bis an den Horizont schweifen.

Oh ja, ich liebe diesen Blick durch die tropische Vegetation hin zu den Hügelzügen von Xochicalco in der Ferne! Dieses Flirren in der Luft, das ganz spezielle helle Licht, der Duft nach Tamales und Elotes, die Rufe exotischer Vögel – diese Sensation aller Sinne betört mich vom ersten Tag an. Wenn ich jeweils an meinen drei Arbeitstagen pro Woche den eineinhalbstündigen Weg mit dem Bus von Cuernavaca zurück nach Alpuyeca antrete, fühle ich stets ein freudiges Kribbeln, wenn sich der Bus mit übersetzter Geschwindigkeit in halsbrecherischer Manier den Weg über den Periferico runter freihupt, um mich dann auf der einzigen Strasse übers Land in unveränderter Fahrweise an mein Ziel zu bringen. Die Schlaglöcher der ungeteerten, staubigen Strasse durch Felder und Wälder, vorbei an steilen ungeschützten Abgründen und durch wilde Wasserläufe stören mich nicht. Ein Blick nach links, da ist er: der majestätische, bläulich schimmernde Popocatepetl in der Ferne, der mich über weite Strecken auf dem Heimweg begleitet – wie der Mond, der auf nächtlichen Autofahrten beim Anblick mitzureisen scheint. Dies zaubert mir jedes Mal ein zufriedenes Lächeln auf mein Gesicht.

Mein Arbeitsweg durch diese so wunderschöne Gegend entschädigt mich Tag für Tag erneut dafür, dass ich an meinem freien Tag zwölf Stunden am Waschbecken stehe und Wäsche für vier Personen von Hand wasche – hochschwanger.

Und lässt mich weiterhin positiv denken: ich müsste mir nur mehr Mühe geben! Hart, anders, ungewohnt ist das Leben auf dem Land in einem Indiodorf, das noch nicht über geteerte Strassen verfügt und wo der Esel als Hauptverkehrsmittel dient, in welchem ausser mir noch nie eine Europäerin lebte, in welchem jeder seine Behausung und Familie mit einem abschliessbaren Zaun vor Eindringlingen zu schützen versucht, in welchem noch die Blutfehde gilt und es jedes Wochenende Auseinandersetzungen mit Toten gibt, deren Köpfe danach im Dorfbach gefunden werden.

Also stutze ich nachts im Schein der Taschenlampe die Äste der hochgewachsenen Tamarinden, damit die Sonne das kürzlich vom Nachbarn erworbene Landstück, welches wir mit gekauften Rasenrollen zu einem schönen Garten umzugestalten gedenken, ins richtige Licht rücken kann.

Der Auslauf für die Hühner auf der linken Seite ist behelfsmässig mit Maschendraht begrenzt. Der hintere Bereich soll für die sechs

Kälber schön und sicher abgetrennt werden. Die dafür verwendeten Paletten hieve ich ganz selbstverständlich von unserem Ford Pick-up – ja, wir sind stolze Besitzer eines fahrbaren Untersatzes. Die Kühe weiden auf einem weiteren Grundstück, etwa zehn Minuten Autofahrt von unserem Wohnort entfernt, wo wir unser eigenes Haus zu errichten gedenken – das Gras steht kniehoch, beherbergt Schlangen und ist nicht ohne die Machete zu betreten.

Das lässt nun meinen sonst unerschütterlichen Optimismus doch ein wenig ins Straucheln geraten. Dieses Projekt muss wohl noch ein wenig rausgeschoben werden.

Bajo el mismo techo – Übergangslösung

Wir dürfen ja netterweise bei Mama Tere wohnen – im Durchgang zwischen den zwei Haupträumen des Hauses, welcher uns auf 15 Quadratmetern ein Zuhause bietet: ein Bett, zwei Gestelle voller Kleider und sonstiges Hab und Gut, ein Pult und viele Kisten mit aufbewahrten Kleinoden und Vergessenem aus vergangenen Zeiten. Das rosa Haus mit dem abbröckelnden Verputz von Teresa besteht aus einem Hauptraum, der Wohnbereich, Essecke und Küche vereint. In einem separaten Raum gegenüber der Kochecke sind WC und Dusche untergebracht.

Ein schmaler Anbau mit separatem Zugang ist der ganze Stolz der Familie: hier ist das Zahntechnikerlabor untergebracht und soll – aufgerüstet mit Zahnarztzubehör von Qualität erster Güte aus der Schweiz – das Mutter-Sohn-Unternehmen im Dorf in Schwung bringen.

Unsere Privatsphäre beschränkt sich auf diese Verbindung zwischen Wohnraum und Praxis, wobei der Durchgang zur Praxis nicht über eine Türe verfügt. Licht fällt durch die Scheiben der Eingangstüre ein, die wegen der Hitze tagsüber stets offensteht. Der Durchgang zwischen Wohn- und Praxisraum weist ein grosses Fenster auf, das aus gläsernen Lamellen besteht und so stets die Luftzufuhr geregelt werden kann. Die Dusche verfügt der Einfachheit halber bloss über eine Aussparung in der Wand, welche mit Eisenstäben armiert den Einstieg für ungebetene Gäste verwehren soll.

Des Nachts – und insbesondere in der Regenzeit – finden Kakerlaken, Skorpione, Spinnen, Ameisen und weiteres Ungeziefer problemlos den Weg in die schützenden vier Wände. Ich lernte schnell von Mama Tere, wie man insbesondere die hellen und somit giftigeren Skorpione an der Decke mit dem Besenstiel killt und cucarachas mit chanclas erschlägt. Spinnen und Killerameisen macht man mit Insektenspray unschädlich: erstere springen einen nämlich an und sind giftig, letztere kommen in Scharen und schaffen es, innert wenigen Stunden sämtliche Pflanzen kahl zu fressen.

So geschehen mit unseren frisch gepflanzten Hecken – wir wollten ja einen schönen Patio mit Wiese und Hecken... Ich wurde Augenzeugin, wie die Hecken von den Viechern in Beschlag genommen wurden und wir mit auch noch so vielen Insektenspraydosen der Masse nicht Herr wurden.

Auch wenn ich kein Spinnenfreund bin, schien mir zu Beginn das Vorgehen mit der Spraydose zu rigoros. Ich wollte die Spinne – kleiner als eine Zimmermannspinne, ein wenig kräftiger, schwarz mit roter Zeichnung auf dem Körper – nach herkömmlicher Art, wie ich es von meiner Mutter gelernt hatte, einfangen und ins Freie spedieren. Ich überwand also meine Abscheu und machte mich mutig daran, ausgerüstet mit Glas und dem Couvert der Telefonrechnung von Telmex und einem Stuhl, der Spinne an der Wand über der offenen Eingangstür den Kampf anzusagen.

Als Mama Tere meine Absicht erkannte, hielt sie mich zurück, holte den Spray, machte der Spinne den Garaus und zerdrückte sie im Anschluss daran noch mit ihren Hausschuhen. Dies sei eine »schwarze Witwe« – ob ich noch bei Sinnen sei?! Ich freundete mich mit dem Insektenspray schneller an als ich dachte.

Nur einmal sah ich Mama Tere wie gelähmt vor Schreck, den blanken Horror in ihren Augen gespiegelt: ein höchstgiftiger Tausendfüssler hatte es sich in der Praxis zwischen Behältern mit Zahnprothetik-Zubehör gemütlich gemacht. Aufgescheucht von der stets fleissig arbeitenden Mama Tere bewegte sich dieses 20 Zentimeter lange Exemplar auf seinen unzähligen Füssen schnell über den Boden. Ich wurde im Wohntrakt zu bleiben geheissen, Juan Carlos solle den puren Alkohol bringen – und ein Einmachglas.

Ich wurde also nicht instruiert und auch nicht Zeugin davon, wie dieses Tier, dessen Biss respektive dessen Gift seine tödliche Wirkung innert Sekunden entfaltet, zur Strecke gebracht wurde. Das tote Ungeziefer im Einmachglas wurde für alle gut sichtbar in ein Regal in der Praxis hingestellt und erinnerte mich stets daran, dass ich meine Tochter in einem Land zur Welt bringen werde, wo uns die Insekten täglich zur Vorsicht, Kontrolle und wenn nötig zu Massnahmen zwangen.

Bienvenido en México – Willkommen in der Realität

Ist das wirklich das, was ich schon immer wollte? Um ehrlich zu sein, ich habe mir die Zeit nach unserer Ankunft Ende Juli 2003 schon ein wenig anders vorgestellt. Erst mal wirklich hier wohnhaft und nicht mehr nur ferienhalber hier wie in den vergangenen eineinhalb Jahren – dachte ich, oder redete es mir erfolgreich ein – wird Juan Carlos die

Verantwortung für seine neue Familie dann schon wahrnehmen und ebenfalls mit anpacken.

Schliesslich sind wir jetzt in seiner Heimat, jetzt bin ich die Fremde – angewiesen auf seine Hilfe. Zudem haben wir seine Zahnarztpraxis mit tollen Geräten aus der Schweiz ausgerüstet, dem Start steht somit eigentlich nichts im Wege. Ich verstehe es durchaus, dass er im ersten Monat natürlich alle seine Freunde besuchen will und viel Zeit mit ihnen verbringt.

Und während ich mich noch darin übe, für die ein wenig andere Realität Verständnis aufzubringen, nehme ich auf Schuljahresbeginn in der Schweizerschule in Cuernavaca meine Arbeit als Lehrerin auf – im siebten Monat schwanger.

TEIL EINS: SCHWEIZ

Mirada atrás – Rückblende

1. Sueños de niña – Mädchenträume

Seit ich mich erinnern kann, liebe ich die lateinamerikanische Musik.
Ein erstes prägendes Stück war »el condor pasa«. Die Panflöte nahm
stets einen Teil meiner Seele mit auf den Flug durch die Lüfte, und
weckte in mir eine grosse Sehnsucht – ich war ungefähr acht Jahre alt.
Der Film »Panamericana – Traumstrasse der Welt«, den ich zusammen
mit meinen Eltern und meinen Geschwistern mehrere Male im Kino
Morgental gesehen habe, steuerte das Seine bei: die Hochkulturen der
Azteken, Mayas und Incas faszinieren mich, ich interessiere mich für
die Menschen von Mexico bis Feuerland – und ich fühle seither Macchu
Picchu als Kraftort, den ich irgendwann in meinem Leben besuchen
muss.

In jener Zeit vergrub ich mich zusammen mit meinem Vater in Sach-
bücher, wollte alles über diese vergangenen Hochkulturen in Erfahrung bringen; damals wollte ich dezidiert Archäologin werden. Die
Faszination und Neugierde liessen mich auch später nicht los – im
Gymnasium konnte ich bei der Vorbereitung diverser Präsentationen
rund um diese mich brennend interessierenden Themen meinen Wissensdurst stillen.

Schon als Kind sog ich sämtliche Songs in spanischer Sprache, die am
Radio ausgestrahlt wurden, wie ein Schwamm auf. So erweiterte ich
das Repertoire meiner Mutter von Julio Iglesias und Mercedes Sosa um
Songs wie »que sera mi vida« und »Cuba, quiero bailar la Salsa« von
den Gibson Brothers. Als Teenager hörte ich Gloria Estefan und war

vom ersten Moment an auf der »Latino-Welle«, tanzte dazu nach Gefühl – dies entspricht meiner Vorstellung von Ausdruck der Gefühle wie Lebensfreude, Sehnsucht, Leidenschaft. Ich wollte die verschiedenen Tanzstile wie Salsa, Merengue, Cumbia, Tango lernen; genauso wie die spanische Sprache.

Als es Ende des zweiten Jahres im Gymnasium um die Wahl des Maturitätstypus ging, war für mich klar, dass ich mich auf neuere Sprachen konzentrieren wollte. Damals gab es das neusprachliche Gymnasium noch nicht, also würde ich den Typus B wählen: weg von Latein, dafür Italienisch und Spanisch. Aufgrund mangelnden Interesses kam keine Klasse für Spanisch zustande – das Erlernen der Sprache wurde in den Hintergrund gedrängt.

In der Clique tanzten wir zu typischem Mitte 80er-Jahre-Sound. Dazu schwang ich meine Hüften immer noch in meinem mir ganz eigenen, nie richtig gelernten und leicht latino-angehauchten Stil. In unserem Wohnquartier wurde ein Tanzkurs angeboten. Die Kursleiterin, meine Nachbarin, konnte Spanisch – jedoch lernten wir Rock'n'Roll. Zusammen mit einem mir bekannten Jungen aus Leimbach schwang ich zwei Jahre das Tanzbein und bestritt einige Auftritte an lokalen Festivitäten. Bevor der Akrobatik-Kurs begann, stieg ich aus: Es waren die lateinamerikanischen Tänze, die mich seit früher Kindheit faszinierten und die ich erlernen wollte.

Wer hätte schon etwas gegen einen feurigen, gut durchtrainierten Latino mit kaffeebrauner Haut, langem pechschwarzem Haar und markanten Gesichtszügen, der einem beim Tanzen ein verführerisches »te quiero mucho« ins Ohr flüstert und dabei mit seinen schönen dunklen Augen vielsagend zwinkert? Dies war damals, mit knapp zwanzig, das Bild meines Traumprinzen. Ich müsste mich nur für einen Tanzkurs anmelden, schon würde ich ihn, meinen »príncipe azúl«, in der Menschenmenge erblicken.

Meine Mutter erzählte mir später, dass ich ihr schon als kleines Mädchen im Alter von vier Jahren damit in den Ohren lag, dass ich einen Indianer heiraten wolle. Ich konnte das Wort nicht einmal richtig aussprechen: ich pflegte »Anianer« zu sagen.

2. Aretes – Geschenk am Weihnachtsmarkt

Durchgefroren trotz wintertauglicher Kleidung gehe ich schnellen Schrittes an den unzähligen Ständen am Weihnachtsmarkt im Zürcher Niederdorf vorbei Richtung Central. Ich will nur noch so schnell als möglich in ein Tram steigen können, das mich nach Hause bringt. Ich mag den Winter nicht, eigentlich die Jahreszeiten vor- und nachher ebenso wenig, denn bei Temperaturen unter 20 Grad friere ich an Händen und Füssen, egal wie gut ich mich einpacke.

Schon oft habe ich mich gefragt, weshalb ich auf der nördlichen Hemisphäre und so weit weg vom Äquator geboren wurde, wenn ich das Klima ja doch nicht ertrage... Aus solchen Überlegungen zweifelte ich als Kind sogar die Verwandtschaft mit meinen Eltern an – was allerdings unübersehbar ist und in keiner Weise geleugnet werden kann.

Leise fluche ich vor mich hin, während der Schnee leise vom Himmel rieselt. Auch das noch! Ich ziehe die Mütze noch tiefer, während sich die Schneeflocken auf meine langen schwarzen Locken setzen und in der Abendbeleuchtung glitzern – fast schon kitschig schön.

Kurz vor dem Hirschenplatz, bei der Tina-Bar erhascht meine Nase den Duft des feinen, gebratenen Fleisches vom Pepito-Stand und lässt mich meinen Kopf nach rechts drehen, dabei streift mein Blick einen der typischen Schmuckstände eines Weihnachtsmarktes: hauptsächlich

Silber, viele Ohrringe, Ketten mit Anhänger, Ringe. Mein Blick erhascht ein Paar grosse schöne Silberohrringe – ich wollte meine Lieblings-schmuckstücke, wovon ich einen verloren habe, ersetzen respektive mir selber ein schönes Weihnachtsgeschenk machen.

Es ist der 23. Dezember 2001. Ich bin mittlerweile fast 31 Jahre alt, habe vor einem halben Jahr meine Zweitausbildung als Primarlehrerin ab-geschlossen und unterrichte in Leimbach die 5. Klasse – in demselben Schulhaus, wo ich schon meine Primarschulzeit verbrachte und zum Teil noch die gleichen Lehrer wie damals arbeiteten. Da habe ich mir einen Mädchentraum erfüllt: seit dem Kindergarten wollte ich Lehrerin werden.

In den Jahren, während ich als Versicherungsfachfrau gearbeitet habe und immer unglücklicher wurde in dieser taffen und teilweise fal-schen Welt, fasste ich den Entschluss, nochmals für drei Jahre die Schul-bank zu drücken – damals gab es noch nicht die Möglichkeit des Quer-einsteigens. Ich hatte meine eigene Wohnung, ein Auto, meinen Le-bensstandard – all das wollte ich nicht aufgeben, also arbeitete ich nebenher in jeder freien Minute in diversen Nebenjobs. Schon während der Ausbildung fokussierte ich auf das Unterrichten von fremdsprachi-gen Kindern und trug mich mit dem Gedanken, mich nach Abschluss der Ausbildung im Ausland zu engagieren.

Was war da naheliegender als die Schweizerschule in Mexiko? Prompt war eine Stelle ausgeschrieben, worauf ich mich bewarb und zum Vorstellungsgespräch eingeladen wurde. Da ich mich aber ver-pflichtet hatte, den vor einem halben Jahr übernommenen Klassenzug zu beenden und bis Ende der 6. Klasse zu bleiben, erhielt ich vom Cole-gio Suizo eine Absage. Dann halt eben später, dachte ich mir.

Ich habe mich eben erfolgreich aus einer jahrelangen, unmöglichen on-off-Beziehung verabschiedet – dieses Mal definitiv. Ich geniesse das Single-Dasein: endlich wieder tun und lassen, was und wie ich will!

Das ist ja eine meiner Schwächen: So stark und selbstständig ich auch bin, in einer Beziehung passe ich mich zu sehr an, vernachlässige meine Interessen, akzeptiere Unmögliches, lasse mir Vieles vorschreiben, verliere mein Ich... Klar, man soll in einer Beziehung aufeinander zugehen, Kompromisse eingehen, aber so kann das langfristig nicht funktionieren. Da muss ich definitiv daran arbeiten, das kann und darf ein nächstes Mal nicht wieder so sein.

Jetzt, wo ich mir die Zeit zur Reflexion nehme, muss ich eingestehen, dass sich das seit meiner ersten Beziehung bis zur eben beendeten so durchzieht, mit ansteigendem Grad der Unzumutbarkeit.

Theoretisch wissen wir alle, dass wir so lange an gleiche oder ähnliche Situationen geführt werden, bis wir aus der erteilten Lektion gelernt haben und die Erkenntnis daraus auf den weiteren Weg mitnehmen und unser Verhalten ändern. Und mit jedem Mal wird es heftiger, wenn wir es noch nicht gelernt haben. Eben, theoretisch weiss ich das natürlich – praktisch sah das anders aus.

Meinen Schwarm sah ich das erste Mal mit 11 Jahren, als er auf dem Mofa auf der Strasse vor meinem Zimmerfenster vorbeifuhr. Ich erzählte gleich meinem Vater, dass ich diesen Jungen einmal heiraten würde. Mein Vater lachte herzhaft. Ich brachte in Erfahrung, dass er der Cousin des Schulfreundes meines Bruders ist und in Wädenswil wohnte. Obwohl er blonde Haare und blaue Augen hatte und somit eigentlich überhaupt nicht in mein Beuteschema passte, heiratete ich ihn mit 20 Jahren – der italienische Familienname gefiel mir sehr.

Hauptproblem: Alkohol – Austicker mit Gewaltandrohung mit Waffen. Eineinhalb Jahre später waren wir geschiedene Leute.

Meine zur Entspannung gedachte Reise nach Israel liess mich in ein neues Abenteuer stürzen: der Geschäftsführer des Hotelrestaurants war verdammt gutaussehend, gebildet, weitgereist, sprachgewandt und unglaublich charmant. Der palästinensische Israeli arabischer Herkunft zog mich total in den Bann, es folgten häufige Reisen nach und schliesslich ein halbes Jahr in Eilat, welches mir knallhart die arabische Mentalität und Realität aufzeigte: auch wenn der Mann weitgereist ist und in Europa gearbeitet hat – zurück in der Heimat muss alles richtig laufen, besonders beim ältesten und erstgeborenen Sohn. Dass ich mich als Frau nicht ohne Erlaubnis des Mannes draussen bewegen kann, ist glasklar. Er als Mann hingegen kann tun und lassen, was er will – Lippenstift an Hemdkragen waren untrügliche Beweise.

Zurück in der Schweiz und in Gesprächen für einen Job in der Tourismusbranche in Eilat, die leider erfolglos blieben, wurde klar, dass ich meine nähere Zukunft in der Schweiz verbringen werde. Ich flog ein letztes Mal nach Eilat, um meine Sachen zu holen – da wurde ich von einem Meer von Blumen und Stofftierchen überrascht. Ich solle nicht gehen. Ich blieb standhaft. Da wurde ich in die kleine Wohnung eingeschlossen. Als unerschütterliche Optimistin, die stets an das Gute glaubt, appellierte ich an seinen Menschenverstand; er liess mich ziehen.

Hauptproblem: Mentalität, Fremdgehen.

Zurück in der Schweiz lernte ich durch meine Schwester den Mann kennen, der mich für die folgenden Jahre beschäftigte. Woran mag es gelegen sein, dass ich mich in meinem Gedankengut so manipulieren und mir so viele Lügen auftischen liess, dass ich mich nach seinem Gusto veränderte und mich sogar von meinen Freunden bewusst abwendete? Weshalb liess ich diese subtile, stets präsente psychische Gewalt zu? Der Indio mit langem schwarzen Haar und typischer

Physiognomie weckte ein in mir schon länger vorhandenes Bild des Traummannes und liess mich nicht mehr rational mit dem Wissen einer erwachsenen 23-jährigen Frau handeln – obwohl ich wusste, dass er verheiratet war und zwei kleine Kinder hatte.

Mit Liedern der grossen Namen von damals wie Juan Gabriel, die »Diva von Mexiko«, zusammen mit Rocío Dúrcal oder den grossen Hits des mexikanischen Sängers Luis Miguel entführte er mich in eine sehnsüchtige Romantik. »Vivir lo nuestro«, das Duett vom damals blutjungen Marc Anthony zusammen mit La India wurde unser Lied. Die 1997 auf den Markt gekommene CD mit dem geschichtsträchtigen und zur Marke gewordenen Titel »Buena Vista Social Club« kreierte eine nostalgische Insel, auf die wir uns zurückzogen. Alle 14 Lieder, die vom amerikanischen Gitarristen Ry Cooder bei einem Projekt mit Altmeistern kubanischer Musik der 1940er und 1950er Jahre aufgenommen wurden, spiegeln die lateinamerikanische Musik in Höchstform wider. Das Lied »veinte años«, interpretiert von Omara Portuondo und Ibrahim Ferrer, rührte mich schon zu Tränen, bevor ich den gesungenen Text verstand, welcher die nur schwer zu akzeptierenden Tatsachen einer unerwiderten Liebe auf den Punkt bringt.

Der spanische Sender TVE strahlte jeweils um 16 Uhr die besten Telenovelas aus. Da diese vor Romantik triefenden Fernsehserien aus Lateinamerika hohes Suchtpotential aufwiesen, nahm ich die Episoden täglich auf VHS-Kassetten auf, um sie an meinen einsamen Abenden nach der Arbeit schauen zu können. In diese Geschichten konnte ich eintauchen, während ich mich in meiner eigenen verlor. Sie versüssten mir meine langen Zeiten des Wartens und nährten meine Sehnsucht nach der grossen Liebe.

Anfänglich glaubte ich die Versprechungen, dann wurde es zusehends schwierig, ich wollte klare Verhältnisse. Das Wunschdenken des Mannes, beide Frauen und die Kinder unter einem Dach in Eintracht an seiner Seite zu wissen, machte mich wütend. Als dann nach fünf Jahren seine Frau mit dem dritten Kind schwanger wurde, verstand ich die Welt nicht mehr – ich war mir sicher, mein Herz war auf immer gebrochen. Seine Beteuerungen, er sei von seiner Frau vergewaltigt worden, konnte ich nicht glauben – so sehr ich es auch gewollt hätte.

Hauptproblem: Manipulation, verheirateter Familienvater.

Nach sechs Jahren, todunglücklich und in der undankbaren Position der »ewig Wartenden«, fand ich Trost in den Armen meines Kollegen des Primarschulstudiums, der eben auch erst eine unschöne Trennung von seiner langjährigen Freundin hinter sich hatte. Aus der anfänglichen Zweckgemeinschaft entwickelte sich eine Beziehung, wir hatten viele gemeinsame Interessen, viel Spass und genossen das unbeschwerte Leben.

Mexiko faszinierte uns beide – durch ihn lernte ich meine Lieblingsband »Maná« kennen, aber auch die herzzerreissenden Rancheras von Vicente Fernandez durften bei Tequila-Runden nicht fehlen. Wir gaben ein schönes Paar ab: er als gross gewachsener, schlanker, halber Marokkaner war voll mein Typ. Ein Praktikum am Goethe-Institut in Mexiko liess ihn fremdgehen – und mich fassungslos den Fehler bei mir suchen.

Hauptproblem: Kiffen, Untreue.

Während der ganzen Zeit wurde ich von dem in der Männlichkeit verletzten Indio gestalkt – ich fragte mich, ob ich mich je von diesem Schatten befreien könne. Er schaffte es, mich durch anfänglich harmlose Treffen auf einen Kaffee wieder einzulullen und mich dazu zu bringen, meine sich nicht gerade auf besonders gutem Weg befindende Beziehung zu beenden.

Sehr schnell realisierte ich, dass ich mich bereits wieder in diesem Strudel befand, der mich abwärts zieht. Ich rief mir alle in der Vergangenheit durchgemachten Jahre mit all den Verletzungen,

Erniedrigungen und dem daraus resultierenden Persönlichkeitsverlust in Erinnerung – und zog die Notbremse. Ich katapultierte diesen Mann regelrecht aus meinem Leben, wollte nichts mehr mit ihm zu tun haben. Ich wusste, dass ich rigoros alle potentiellen Anknüpfungspunkte und Möglichkeiten der Kontaktaufnahme kappen musste. Mit diesem Mann ging das einfach nicht auf die »nette« freundschaftliche Art. Es war ein Befreiungsschlag – ich fühlte mich zum ersten Mal wirklich frei.

Ob da wirklich was dran ist, dass ich in den Männern für eine Beziehung meinen viel zu früh verstorbenen Vater suche?

Ich war 14 Jahre alt und verlor mitten in der Pubertät meine Vertrauens- und Bezugsperson. Im Alter von 48 Jahren, nach dem dritten Herzinfarkt innerhalb zweier Wochen, konnte das riesengrosse Herz meines Vaters nicht mehr – viel zu früh wurde er uns durch seinen Tod entrissen.

Meiner Mutter, die innert eineinhalb Monaten erst ihre Mutter und dann ihren geliebten Mann verlor, wurde der Boden unter den Füssen weggezogen. Da stand sie nun, alleine mit drei Kindern im Alter von 15, 14 und 9 Jahren, in tiefster Trauer um die beiden grössten Verluste ihres Lebens: ihre Mutter, die ihr das Leben schenkte, und ihr geliebter Mann, mit dem sie zusammen meine Geschwister und mich auf die Welt brachte. Der endlos scheinende Fall konnte durch nichts aufgehalten werden, wir konnten sie nicht trösten – sie war nur noch physisch präsent.

Mein um ein Jahr älterer Bruder und ich hatten keine Wahl, wir wurden schlagartig erwachsen. Unsere jüngere Schwester wurde jeweils über die Mittagszeit von einer guten Freundin der Familie betreut. Drei Jahre danach war meine Mutter wieder da. Ihre Urkraft und ihr unerschütterlicher Glaube an Gott und daran, dass alles für etwas gut sei, liessen sie stärker denn je wieder mitten ins Leben zurückkehren. Seither ist sie unser Fels in der Brandung.

Mein Vater war herzensgut, liebevoll, lustig, humorvoll, treu, fürsorglich, respektvoll, intelligent, interessant, geschickt, begnadeter Künstler – er war schlichtweg mein Held. In meinem ganzen weiteren Leben kam niemand mehr an ihn heran, so sehr ich auch für mich nach einem Mann mit solchen Eigenschaften suchte.

Meine Mutter und er lebten uns eine Bilderbuch-Beziehung vor, die Seltenheitswert hat und die es kaum mehr zu geben scheint.

Seit einem Monat herrscht dieses tolle Gefühl vor, nur auf mich selbst schauen zu müssen respektive zu dürfen. Umso mehr geniesse ich es eben gerade, alleine unterwegs zu sein und ganz alleine mir etwas zuliebe zu tun. Diese grossen silbernen Ohrringe haben es mir angetan, die möchte ich probieren.

Ich blicke zur Person hinter der Auslage: da steht er, der Inbegriff von Traummann – gemäss meinem Schönheitsideal. Latino, schwarzes hüftlanges gelocktes Haar, markante Gesichtszüge, dominante Nase. Mit einem leicht schiefen Lächeln fragt er mich in gebrochenem Deutsch, wie er helfen könne.

Ich strahle ihn an und zeige auf die Ohrringe, die ich anprobieren möchte. Verdammt, wieso kann ich nicht Spanisch sprechen?! Alle meine kläglichen Versuche enden in Italienisch. Mein Gegenüber erkennt meine Schwierigkeiten und macht mich ganz entspannt darauf aufmerksam, dass wir uns auf Deutsch unterhalten können. Innert Kürze habe ich wasserfallartig das Wichtigste von mir preisgegeben: Job, Wohnsituation, Beziehungsstatus, meine gescheiterten Pläne betreffend Stelle in Mexiko, dass ich mich für einen Salsa-Tanzkurs angemeldet habe...

Ich erfahre, dass dieser Mann aus Mexiko in der Nähe von Cuerna-vaca kommt, hier in Zürich wohnt, Salsero ist und hier eigentlich nur schnell den Stand für seinen Kollegen hütet, der kurz austreten musste. Ist das nun Zufall oder nicht?

Juan Carlos, so heisst meine jüngste Bekanntschaft, fragt mich, ob wir uns wiedersehen können, was ich natürlich sofort bejahe. Ganz gentleman-like gibt er mir seine Telefonnummer, ich solle mich doch bei ihm melden. Mitten in diesen Smalltalk kommt der Verkäufer zurück, der mir schliesslich die Ohrringe verkauft und schön einpackt – ein Weihnachtsgeschenk habe ich auf sicher.

Somos novios – ein wunderschönes Paar

3.   Príncipe azúl – verrückte Liebe

Ich habe mir mein zweites Handy gekauft: ein Nokia, winzig klein, mit Leuchteffekt, wenn das Telefon klingelt und wenn man die Tasten benutzt. Ich finde es richtig cool und sehr praktisch, dass ich damit nun die Neujahrswünsche allen meinen gespeicherten Kontakten senden konnte – natürlich nicht nur copy-paste, sondern da und dort auch noch personalisiert. Ich gehe meine Kontaktliste durch, da stosse ich auf Juan Carlos: klar, ihm würde ich das auch schicken.

Keine halbe Minute später bekam ich seine Antwort auf Spanisch. Er wünsche mir nur das Beste für das neue Jahr, Liebe und viel Glück. Ob wir uns mal treffen wollen? Dies ist der Einstieg in unsere kurze Korrespondenz, bevor wir uns ein paar Tage später in der alten Börse treffen und Salsa tanzen.

Witzig, hier an der Börse hatte ich gleich nach bestandener Maturitätsprüfung einige Monate für die Volksbank im Backoffice gearbeitet... Dank diesem Arbeitseinsatz erfuhr ich vom KBM (kaufmännischer Bildungsgang für Maturitätsschulabsolventen), was mir zu einer Anstellung und Ausbildung zur Versicherungsfachfrau bei den Zürich Versicherungen verhalf. Ja, das ist auch schon 12 Jahre her. Auch der Salsa-Tanzkurs, zu dem ich mich angemeldet habe, wird an den kommenden acht Dienstagabenden hier stattfinden.

Und heute tanze ich hier mit diesem Mann meiner Träume! Er zeigt mir die Grundhaltung, führt mit der rechten Hand meine rechte Hand und schliesst sie um sein linkes Handgelenk. Erst da realisiere ich, dass dieser Mann auf der linken Seite keine Hand hat: Contergan-Kind. Das tut seiner Attraktivität jedoch keinen Abbruch. Salsa musst du fühlen:

er nimmt meine linke Hand und legt sie auf seine Brust. Ob ich seinen Herzschlag spüre? Gu–gung, gu–gung, gu–gung, … Dabei klopft er mit seiner Hand im Rhythmus fein auf meine Hand, die auf seiner Brust ruht. Mein Puls geht schneller – vor Aufregung. Die Frequenz seines Herzschlags kombiniert mit dem Tempo der Musik gibt den Rhythmus vor, den unsere Körper aufnehmen bis wir schliesslich tanzen. Er versteht es hervorragend, mich mit Bewegung und Wort in seinen Bann zu ziehen. Wir wollen die Karten auf den Tisch legen – er will Nägel mit Köpfen machen. »Somos novios o que?!« Ich fühle mich zu einer Entscheidung gedrängt, die ich eigentlich zu diesem Zeitpunkt gar nicht treffen will. Andererseits will ich die Aufmerksamkeit dieses Mannes nicht verlieren.

Nur etwa zwei Wochen später, am 21. Januar 2002 – zehn Tage nach meinem 31. Geburtstag, den ich zusammen mit meinen Freunden gefeiert habe – zieht er bei mir ein. Später erfahre ich, dass er bisher zusammen mit Kollegen aus verschiedenen Ländern Lateinamerikas in besetzten Häusern lebte. Dass er verheiratet ist und ein kleines Kind mit einer Schweizerin hat, irritiert mich nicht. Er hat ja bereits mehrfach beteuert, dass er sich scheiden lassen wird. Er will zurück in seine Heimat und ich wollte ja schon immer nach Mexiko. Ich hatte ja bereits meinen ersten Kontakt mit der Schweizerschule in Mexiko, die nebst der Schule in Mexiko-City eine Zweigstelle in Cuernavaca betreibt.

Ist das nun Zufall oder höhere Bestimmung, dass er aus einem Indiodorf stammt, das nur eine Autofahrstunde südlich von Cuernavaca entfernt liegt? Wir nennen es unser Glück und schmieden voller Vorfreude grosse Pläne: wir wollen gemeinsam nach Mexiko – ich auswandern, er in sein Dorf Alpuyeca zurückkehren. Wir träumen von Hausbau und Familiengründung. Ich könnte als Lehrerin arbeiten und würde mich bei der nächstmöglichen Gelegenheit am liebsten persönlich beim Direktor der Zweigstelle in Cuernavaca melden und ihn spontan anfragen, ob er eine Stelle frei habe. Er will nebst der geplanten Aufnahme der Tätigkeit als Dorfzahnarzt nebenher wieder seine Geschäfte mit Viehzucht betreiben.

Im Schnellzugstempo lerne ich Spanisch – sie wird zur Sprache meines Herzens. Willst du eine Fremdsprache schnell und richtig erlernen, tu dir einen Liebhaber zu, der diese gewünschte Sprache spricht. Das sagte mir schon meine Grosstante, die in China geboren wurde. Genauso ging es mir damals in Eilat mit Arabisch: innert sechs Monaten konnte ich diese Sprache sprechen, lesen und schreiben. Einverstanden, ein wenig Sprachtalent gehört dazu.

Wir richten uns gemeinsam in meiner schmucken 2½-Zimmerwohnung in Wiedikon ein: Vieles ändert sich, eine Bar und ein zusätzlicher Kühlschrank kommen ins Wohnzimmer, die Flagge von Mexiko sowie ein echter Sombrero werden zentral aufgehängt. Wir gehen oft aus, was ich sehr geniesse: fein essen und tanzen hat mir schon immer sehr gefallen. Ich geniesse die Aufmerksamkeit, die wir als Paar erzeugen: oft bleiben Leute irritiert stehen und schauen uns nach. Liegt es an unseren langen gelockten schwarzen Haaren? Spätestens wenn wir uns küssen, hören wir hinter uns das Getuschel: »Schau mal, das sind ja zwei Frauen!«

Die Hits »Chan«, »Dos Gardenias« von Buena Vista Social Club höre ich nun in der Interpretation von Juan Carlos mit seiner rauchigen Stimme. Endlich habe ich einen Sparringpartner beim Fernsehen: beide sind wir Feuer und Flamme für die telenovelas und beim Fussball fiebern wir beide intensiv mit. Endlich lebe ich dieses aufregende, unbekümmerte Leben, das meiner quirligen und temperamentvollen Art doch so entspricht.

Es stört mich auch nicht, dass ich immer bezahle. Ich will, dass es ihm gut geht, er sich wohl fühlt: ich besorge ihm eine zweite Bankkarte für mein Lohnkonto, schenke ihm meine ganze Aufmerksamkeit, vernachlässige dadurch meine Freundschaften, passe meine Freizeitgestaltung seinen Wünschen an. Den Salsa-Tanzkurs besuche ich bereits nach zwei Abenden nicht mehr: Was ich denn dort suchen würde? Ich hätte ja mit ihm einen sowieso viel besseren Lehrer, dazu erst noch privat, viel intensiver, so oft ich wolle und für mich alleine. Stimmt.

Er müsse nach Uster, einige Sachen aus der Wohnung, in welcher er gemeinsam mit der Mutter seines Sohnes hauste, holen. Ich solle mitkommen. Einerseits befremdet mich das sehr, andererseits zeigt es mir, wie ernst er es mit mir meint. Und irgendwie ist das doch auch aufregend. Als wir die Wohnung betreten, zu welcher er immer noch einen Schlüssel besitzt, befällt mich ein mulmiges Gefühl. Fast schon ehrfürchtig schreite ich durch die alternativ, farbig, indisch-mexikanisch eingerichtete originelle Wohnung, die eigentlich aus einem einzigen riesigen Raum besteht. Juan Carlos stöbert in einem Reduit, sucht zwei grosse North Face-Taschen heraus und füllt diese mit Kleidern, Jacken und Schuhen, die er offenbar immer noch bei ihr hat. Ich versuche, die einzelnen mir bekannten Fragmente seiner Geschichte zusammenzukriegen, was mir aber nicht wirklich gelingt. Mein Blick schweift umher, ich werde nervös und dränge zum Aufbruch.

Er aber schnappt sich die neben der Matratze liegende Gitarre und beginnt zu spielen: Ich staune, wie er seinem Handicap zum Trotz das Instrument einfach andersrum hält und die Akkorde mit der rechten Hand greift. Er weiss, dass ich sein musikalisches Talent bewundere, aber jetzt will ich aus dieser Wohnung. Was, wenn seine Noch-Ehefrau gerade jetzt hereinkommen würde? Sie sei doch bei der Arbeit...

Er legt die Gitarre auf die Seite, zieht mich zu ihm hin und legt sich mit mir auf die Matratze. Nervös löse ich mich aus seiner Umarmung und stehe auf. Er meint nur: »Was hast du für ein Problem? Du schläfst mit einem verheirateten Mann, der mittlerweile bei dir wohnt. Wo ist da der Unterschied, ob wir hier oder woanders Liebe machen?« Ich bin sprachlos, total beschämt und sage nur, ich müsse auf das WC. Er gibt mir einen Schlüssel und erklärt mir, dass ich erst aus der Wohnungstüre hinaus und dann die Treppe links hochgehen müsse. Dort sei das Badezimmer. Speziell. Ich pressiere, ich will hier nur noch weg. Ich drücke ihm die Schlüssel wieder in die Hand und lasse ihn wissen, dass ich im Auto auf ihn warten werde.

In den Sportferien steht mir ein verlängertes Wellness-Wochenende in Österreich bevor. Dies habe ich mit einer meiner Freundinnen schon lange geplant und gebucht. Ich freue mich auf drei Tage Wohlfühl-Programm und Genuss pur in der Nähe von Innsbruck. Juan Carlos findet es schrecklich, dass ich ihn alleine lassen werde. Ich solle ihm zeigen, wie sehr ich ihn liebe – und hierbleiben. Ich lache und erwidere, das tue doch meiner Liebe zu ihm in keinster Weise Abbruch, wenn ich es mir mit meiner Freundin gutgehen lasse. Das scheint ihn nicht zu überzeugen.

Er fährt mich mit meinem Auto zum Hauptbahnhof. Da ich zeitlich knapp dran bin, überfährt er eine Sperrfläche und parkt auf einem für Taxi markierten Platz. Wir küssen uns innig zum Abschied, als zwei Polizisten auf der Fahrerseite an die Fensterscheibe klopfen. Ob wir wüssten, dass das Überfahren einer Sperrfläche hochverboten sei? Sie würden gerne Juan Carlos' Ausweis sehen. Instinktiv ergreife ich das Wort und behaupte freundlich, ich sei gefahren. Wir hätten nur gerade eben die Plätze getauscht, damit er nach Hause fahren könne. Ich sei auf dem Sprung, mein Zug fahre gleich los, ich hätte mich nur noch kurz von ihm verabschieden wollen. Die Polizisten fragen mich, ob ich mir bewusst sei, dass ich mir dadurch eine hohe Busse und eventuell den Entzug meines Führerscheins einhandle. Ich bleibe bei meiner Version. Sie nehmen meine Personalien auf und versprechen mir, sich bei mir zu melden.

Inmitten der wohltuenden Behandlungen im Kurhotel erreicht mich die Meldung meiner Schwester, sie hätte ihren ersten Sohn geboren. Am 14. Februar – Valentinstag – wenn das nicht ein Kind der Liebe ist! Meine Freundin und ich nehmen dies zum Anlass, am Abend in der Bar des Kurhotels auf meinen Neffen anzustossen. Ganz in mexikanischer Manier wechseln wir Bier mit Tequila ab – den Rest gibt uns der kleine Feigling. Meiner Freundin geht es ziemlich schlecht, wir gehen auf unser Zimmer, wo sie sich nur noch übergibt. Ich bin schlagartig nüchtern, beginne die Schweinerei auf Bett und Boden zu putzen.

Dazwischen probiere ich, die unzähligen Nachrichten von Juan Carlos auf dem Handy zu lesen und zu beantworten. Ich solle sofort anrufen. Ich schreibe, dass dies sehr teuer ist. Ich hätte jetzt gerade andere Sorgen. Er ist ausser sich, sagt, er fahre jetzt gleich los um uns abzuholen. Ich sage, es sei nicht nötig, wir kämen schon alleine klar. Er stellt fest, dass er ja mit seinem Sohn gar nicht über die Grenze fahren könnte, da er dessen Ausweis nicht besitze. Gut – dann habe ich jetzt wenigstens ein paar Stunden Zeit, um mich um meine Freundin zu kümmern und ihr klarzumachen, dass ich zurückfahren müsse.

Gleich am nächsten Morgen checken wir einen Tag zu früh aus und verlassen den Kurort völlig überstürzt. Meine Freundin spricht kein Wort mit mir. Ich verstehe nicht, warum. Ich habe ihr ja gesagt, sie könne gerne noch wie geplant den letzten Tag bleiben – ich allerdings müsse mich daheim um den Hausfrieden kümmern. Wir verabschieden uns nach einer langen Zugfahrt, während welcher jede ihren

Gedanken nachhing. Schade, dass unser erstes Wellness-Weekend so enden musste! Sie bricht danach den Kontakt mit mir ab.

Drei Wochen später erreicht mich während der Unterrichtszeit ein Telefonanruf einer unbekannten Nummer. In der polizeilichen Befragung muss ich erneut den genauen Hergang des strafbaren Verhaltens im Strassenverkehr, genauer gesagt das Überfahren der Sperrfläche und das Parken auf einem Taxiparkplatz vor dem Zürcher Hauptbahnhof, schildern. Ich bleibe bei meiner Aussage, die ich damals gegenüber den Polizisten vor Ort machte.

Auch wenn es mich nervt und ich mich über mich selber ärgere, denn ich kam noch nie in Konflikt mit dem Gesetz: lieber eine saftige Busse als Führerscheinentzug. Und lieber nehme ich das auf meine Kappe, denn Juan Carlos ist immer noch am Abzahlen einer horrend hohen Busse wegen zu schnellen Fahrens.

In den folgenden Monaten lerne ich viel: Juan Carlos sammelt Bussen wegen Falschparkens und Geschwindigkeitsüberschreitens gleich reihenweise. Mexikaner, die hier in der Schweiz leben und verheiratet sind, sind unglücklich und total frustriert. Wenn man zu den Insidern gehört, kann man in entsprechenden Restaurants nebst Essen auch Kokain bestellen und mit der Kreditkarte bezahlen. Sich auch unter der Woche die Nächte um die Ohren zu schlagen mit Tanzen, übermässigem Alkohol- und Kokainkonsum ist nichts Aussergewöhnliches. Am 10. April feiern wir seinen 31. Geburtstag mit all seinen Freunden bei uns zuhause. Innert kürzester Zeit werden wir zum Treffpunkt und zur Notschlafstelle der in Zürich und Umgebung gestrandeten, musizierenden, z.T. unglücklich verheirateten, mit Kokain dealenden Latinos.

Da ich die einzige Person bin, die einer geregelten Arbeit nachgeht, ist es für mich oft nicht leicht, frühmorgens aufzustehen und mich auf meinen Tag zu konzentrieren. Ein Blick in unser Wohnzimmer reicht um zu sehen, wie viele Kumpel letzte Nacht den Heimweg wieder nicht geschafft haben – oder es auch nicht wollten. Die auf dem Bettsofa kreuz und quer liegenden, halb ausgezogenen Latinos aus Equador, Kolumbien, Mexiko, Chile und Argentinien bieten einen erbärmlichen Anblick. Der typische Morgen danach… Nicht selten komme ich von meinem Arbeitstag an der Schule zurück und finde die Truppe immer noch im Delirium oder bereits wieder am Konsumieren. Nicht selten stelle ich mich an den Herd und koche die für solche Situationen effektive Zwiebelsuppe, damit die Herren auf den Abend hin wieder bereit für neue (Un-)Taten sind.

Ich mache ihn darauf aufmerksam, dass ich es nicht so toll fände, dass meine Wohnung zu einem Auffangzentrum verkommt. Ich bräuchte in meiner wenigen Freizeit nebst meiner Vollzeitanstellung als Lehrerin zuhause auch mal Ruhe, um vorbereiten, korrigieren oder einfach auch einmal nichts tun zu können. Zudem könne ich es mir nicht leisten, so ganz selbstverständlich auch noch für seine Kollegen finanziell aufzukommen. Ich werde das erste Mal in die Schranken gewiesen: »Dies ist UNSER Zuhause – da hast du nicht mehr alleine zu bestimmen.« Perplex halte ich die Klappe.

Ob er denn nicht einen Job suchen wolle? Das Beschäftigungsprogramm, welches durch das RAV organisiert war und ihn Gartenarbeit in und um Uster verrichten liess, war zeitlich begrenzt und endete kurz nachdem wir uns kennenlernten. Was er denn gerne machen würde? Dass er hier in der Schweiz nicht als Zahnarzt arbeiten kann, ist klar. Da fehlt die entsprechende Anerkennung. Er kocht leidenschaftlich gern und gut – hat aber keine Ausbildung. Dann doch wieder in die Landschaftsgärtnerei? Will er nicht mehr. Natürlich setze ich mich sofort an den Computer und stelle ihm ein ordentliches

Bewerbungsdossier zusammen, suche in Inseraten nach geeigneten Jobs, schreibe unzählige Bewerbungen – alles ohne Erfolg.

Bei einem Standortgespräch mit Eltern einer Schülerin von mir erfahre ich, dass deren Vater zwei Restaurants gleichzeitig führt und eigentlich Unterstützung braucht. Ich vermittle, es findet ein Schnuppertag statt und ein auf ein paar Monate befristeter Vertrag kommt zustande: bis zur Abgabe der Geschäftsführung durch den Vater meiner Schülerin an seinen Nachfolger kann Juan Carlos im Clipper gegenüber der Sihlpost in der Küche arbeiten. Er macht das gut und gerne. Nun geht auch er einer geregelten Arbeit nach, muss morgens früh aufstehen, kommt abends fix und fertig nach Hause – die Ausgehfrequenz minimiert sich frappant, die Partys zu Hause konzentrieren sich auf das Wochenende. Sehr schön, wir haben die Situation entschärft!

4.   La primera vez – mein erstes Mal

Ich bin ganz aufgeregt: Es ist Frühling 2002 und unsere erste Reise nach Mexiko steht bevor! Ist es wirklich wahr? Werde ich tatsächlich endlich das Land meiner Träume, dessen Faszination mich seit meiner Kindheit nicht mehr losgelassen hat, zum ersten Mal besuchen? Ich nehme die Flugtickets immer wieder hervor und versichere mich, dass da wirklich mein Name und die richtige Destination gedruckt stehen. Ich freue mich so sehr, auch die ganze Familie von Juan Carlos kennen zu lernen.

Bei seiner Mutter werden wir wohnen, in einem herzigen kleinen Haus in Alpuyeca. Sie arbeitet als Zahntechnikerin seit eh und je – sie stammt aus einer Zahnarztfamilie. Dies gab sie auch ihren Söhnen weiter.

Sein um vier Jahre älterer Bruder ist vierfacher Vater, dessen ältester Sohn bereits 19 Jahre alt, es folgen zwei Töchter im Alter von 17 und 15 Jahren, das Nesthäkchen ist der 9-jährige Sohn. Dieser Mann wurde echt früh Vater: mit 16 Jahren, aber das ist ja nichts Aussergewöhnliches in Lateinamerika allgemein. Daniel lebt nicht mit der Familie zusammen, welche in einem stattlichen zweistöckigen Haus gleich auf dem angrenzenden Grundstück neben Doña Tere's Haus wohnen. Er ist erfolgreicher Zahnarzt und lebt und arbeitet in Cuernavaca. Hier geht er an den Abenden in den Salsa-Schuppen tanzen und kennt so viele Schweizerinnen, die es aus irgendeinem Grund nach Cuernavaca verschlagen hat.

Die Schwester ist das »Sandwich-Kind«, zwei Jahre älter als Juan Carlos. Auch sie ist Mutter von vier Kindern: zwei Töchter und dazwischen die beiden Zwillingssöhne. Nora wohnt mit ihrem Mann und den Kindern in Cuernavaca in einer Wohnung.

Juan Carlos selber hat in Mexiko bereits eine 12-jährige Tochter – er wurde mit 17 Jahren zum ersten Mal Vater. Sein Sohn in der Schweiz ist drei Jahre alt.

Der Anblick auf diese nicht enden wollende 8-Millionen-Metropole beim Landeanflug soll sich mir für die nächsten paar Jahre einprägen. Mexiko City zählt mit dem Ballungsraum 20 Millionen Einwohner – und ist somit eine der grössten Städte der Erde. Imposant. Ich bin froh, dass wir mit dem Car weiter nach Cuernavaca fahren können. Dies liegt auf der Route nach Acapulco – eine Destination, die man leider nicht mehr wie in den 60er Jahren gesehen haben muss; habe ich mir sagen lassen. Nach eineinhalb Stunden Fahrt über achtspurige Autobahnen und Hauptstrassen sind wir am Ziel angelangt, wo uns die Schwester mit ihrem Mann bereits erwartet. Erst mal geht's tüchtig in den Ausgang – Juan Carlos is back in town! Er zeigt mir stolz all die Restaurants, Bars und Clubs, wo er der Platzhirsch gewesen sein muss. Ich fühle mich auch ein wenig vorgeführt, habe aber kein komisches Gefühl dabei – schliesslich mache ich auch keine schlechte Falle.

Mit dem Auto von Juan Carlos' Schwester und Schwager, das in der Schweiz so nicht mehr durch die Fahrzeugkontrolle des Strassenverkehrsamts durchgekommen wäre, fahren wir über die Autobahn, nehmen die Ausfahrt Xochitepec und erreichen über die Hauptstrasse das Dorf von Norden her. Wir biegen gleich in die erste Querstrasse links ab, in die Calle La Pradera. Nach 200 Metern haben wir unser Ziel erreicht, wo uns Doña Tere erwartet. Sie hat das herannahende Auto gehört und kommt uns durch den kleinen Grasplatz vor ihrem Haus an das Gittertor entgegen, welches sie aufschliesst, damit wir mit dem Auto hineinfahren können. Neben ihrem fahrbaren Untersatz findet sich kaum genügend Platz, aber über Nacht lässt man sein Fahrzeug nicht vor dem Grundstück in der Strasse parkiert stehen – falls man es am nächsten Tag noch haben möchte. Aha.

Die Familie empfängt mich distanziert aber freundlich, da ich schon die zweite Schweizerin bin, die Juan Carlos hierherschleppt. Ich protestiere – ich bin aus freien Stücken hier! Ich will ja hierherkommen und hier arbeiten.

Ich unterhalte mich mit allen Familienmitgliedern, die keine Fremdsprache sprechen, auf Spanisch. Durch das Zusammenleben mit Juan Carlos habe ich diese wunderschöne Sprache in den letzten vier Monaten in Windeseile gelernt – endlich! Ein weiterer Mädchentraum ging damit in Erfüllung.

Durch den entgegengebrachten Respekt – ich sieze alle Personen, die älter sind als ich, das ist so üblich in Lateinamerika – erlange ich in dieser kurzen Zeit die Sympathie von Doña Tere. Sie moniert bloss belustigt die Ausdrücke der Gossensprache, welche sich in meinem Spanisch eingeschlichen haben, und tadelt ihren Sohn mit gespielter Entrüstung, was er mir denn da beigebracht habe. Ich schäme mich in

Grund und Boden – so peinlich! Sie aber ist froh, hat ihr Sorgenkind eine so starke und verständnisvolle Frau an seiner Seite.

Wir verbringen viel Zeit mit der Familie bei gemeinsamem Essen. Nebst den selbst gekochten Hauptspeisen wie enchiladas, chiles relle-nos, pollo con salsa chili chipotle, con salsa de cacahuetes oder mole finden mexikanische Familien immer die Zeit und Musse, auf der Strasse noch schnell tacos, elotes, pozole oder tamales zu essen. Für Zwischendurch bieten sich auch die schnell zubereiteten sincronisadas und quesadillas an. Die etwas aufwändigere Zubereitung von cochinita überlässt man lieber den Strassenrestaurants und gönnt sich dies am Sonntag. Als Frühstück gibt es tortillas mit den bekannten Zutaten wie frijoles, salsa verde y roja, crema, jalapeños oder auch nopales. Am Morgen auf dem Markt oder für die Kinder am Abend gibt es häufig arroz con leche. Diese Süssspeise mag ich sehr, ebenso churros und pla-tanos…

Oh Gott, hier werde ich superschnell zunehmen und so aussehen, wie viele der jungen verheirateten Frauen hier, die nicht mehr auf ihren Körper achten. Als Geschädigte, die im Alter von 20 Jahren 83 Kilos auf die Waage brachte und diese überzähligen Kilos erst Jahre später nach einem korrigierten Verhältnis zu meinem Körper und einem neuen Verständnis zu Übergewicht und Diäten auf sanfte Weise verlor, weiss ich, wovon ich spreche.

Ob wir auch mal ein wenig die Gegend anschauen oder vielleicht sogar einen Ausflug zu den nahegelegenen Pyramiden von Xochicalco ma-chen könnten? Schliesslich brenne ich darauf, endlich die versunkene Hochkultur der Azteken und die Geschichte Mexikos, die ich bisher nur aus Büchern kannte, in real zu erleben und in mich aufzusaugen.

Die Antwort schockiert mich: »Wir sind nicht hier, um die Gegend anzuschauen wie Touristen. Dieses Mal sollst du dein zukünftiges

Zuhause kennen lernen. Wenn wir dann mal hier leben und uns etabliert haben, können wir die Gegend anschauen.« Als geduldige Frau kann ich der Aussage eine gewisse Logik zugestehen. Ich finde es trotzdem schade.

Einen Ausflug machen wir dann doch noch, und zwar zu seinem besten Freund Miguel. Er wohnt etwas ausserhalb von Alpuyeca und führt dort alleine einen Bauernhof. Da bin ich doch mal gespannt. Die Landschaft ist atemberaubend, wie im Film – so habe ich mir das immer vorgestellt: exotisch und abenteuerlich.

Bei einem halb zerfallenen flachen Haus halten wir und steigen aus dem Auto von Doña Tere, das uns ohne Zwischenfälle gerade noch bis hierherbringen konnte, aus. Durch den Türrahmen tritt ein grosser, schlanker Mann anfangs 30, die langen braunen Haare zu einem Knoten zusammengebunden. Mit einem lauten Lachen und einem Wortabtausch, den ich nicht verstehe, schreiten die beiden Männer aufeinander zu, umarmen sich herzlich, klopfen einander auf die Schulter, strahlen einander an – die Wiedersehensfreude ist sichtlich gross. Ich werde vorgestellt, die Sympathie ist sofort da. Die lieben Augen lassen eine sanfte Seele erkennen, dies können auch die wilde Erscheinung und das ruppige Gebaren nicht übertünchen.

Wir werden ins Innere des Hauses geführt. In der Mitte des ca. 10 m² grossen lichtarmen Raums erkenne ich einen Tisch, einige Plastikstühle, links in der Ecke ein Abwaschbecken mit einem Berg von ungewaschenem Geschirr. In der dunkelsten Ecke links neben dem Eingang befindet sich eine Matratze mit einigen Decken – das muss wohl Miguels Schlafstätte sein. Uns wird eine Cola angeboten, die Gläser werden zuvor schnell mit einem schmutzigen Lappen ausgerieben. Das Gespräch zwischen den Freunden wird vom Summen unzähliger Fliegen begleitet. Beim Trinken passe ich auf, dass ich nicht aus Versehen ein Exemplar dieser lästigen Insekten verschlucke. Ähm, ich müsste mal schnell aufs Klo… Miguel zieht in der rechten Ecke einen Duschvorhang auf die Seite und entschuldigt sich für die nicht damengerechte WC-Schüssel. Mit dem danebenstehenden Plastikeimer mit abgestandenem Wasser wird runtergespült, wenn ich ein grosses Geschäft machen müsse. Ich beschliesse, pinkeln reicht.

Nach der Erfrischung und meiner Erleichterung führt uns Miguel stolz hinter das Haus, wo sich über eine grosse eingezäunte Fläche eine Weide mit ca. 50 Kühen erstreckt. Dies ist momentan sein Geschäft: Milchbauer. Er melkt alle Kühe von Hand, er müsse dann gleich mal an die Arbeit. Juan Carlos bietet sich bereitwillig zur Mithilfe an. Soll ich helfen? Meine Frage scheint die beiden Männer köstlich zu amüsieren. Bitte – zeig uns, was du kannst.

Ich schicke gerade ein stilles Dankeschön an meine längst verstorbene Grossmutter für all die Ferienwochen, die wir mit ihr in Elm im »Hüttli« (ein Schindelhaus ohne fliessend Wasser und Strom) beim Bauer Rhyner verbracht haben. Hier lernten mein Bruder, meine Schwester und ich in sehr jungen Jahren Dinge wie Holzscheiten mit der Axt, Holzofen anfeuern, das Eis des gefrorenen Kuhbrunnens mit Pickel zu durchbrechen um mit Eimern Wasser ins Haus zu tragen, um es dann aufzukochen, damit wir uns in einem Zuber waschen konnten. Ja, wir hatten auch nur ein Plumpsklo. Aber eben, nebst Kuhreiten aus reinem Spass durften wir auch dem Bauer beim Misten, Füttern und Melken helfen. Mit angeschnalltem Melkstuhl lernte ich, wie erst die Zitzen mit Melkfett eingeschmiert werden und dann mit viel Gefühl und dennoch mit einem gewissen Druck von Zeigefinger und Daumen die Zitze von oben her massiert und nach unten gezogen wird, bis die Milch in den Eimer spritzt. Das rhythmische Abwechseln der vier Zitzen, dass es zu einem abgerundeten Ablauf kommt, gelang mir jedoch nie. Dennoch, dies kommt mir jetzt zugute.

Ich habe nur einen Schemel zur Verfügung, den hin und her peitschenden Schwanz kann ich im Freien nirgends hochbinden. Nun gut, ich versuche mein Bestes. Die beiden Freunde stehen da, staunen und lachen. Miguel meint: »Carnal, da hast du dir ja die richtige Frau geangelt!« Juan Carlos ist stolz auf mich – und auf sich.

In diesen zweieinhalb Wochen lerne ich auch vor allem das Dorf kennen mit seinem einzigen grossen Restaurant, wo wir uns oft schon am Nachmittag Drinks gönnen, um dann mit Altbekannten von Juan Carlos auf das Wiedersehen anzustossen. Da in Mexiko der Mann das Geld verwaltet, gebe ich ihm meine Kreditkarte, womit er sämtliche Auslagen bezahlt. Da fallen auch Anschaffungen für die Mutter, die Schwester, die Schwägerin, alle Neffen und Nichten darunter. Na gut, ist ja nur dieses eine Mal: so schnell müssen wir wohl kaum wieder Kühlschränke, Waschmaschinen, Ausbildungen und Schulmaterial berappen.

Wir besichtigen das Grundstück, welches Juan Carlos ein wenig ausserhalb des Dorfes erworben und wo er bereits mit der Mutter seines Sohnes den Hausbau geplant und begonnen hat. Wenigstens ein Fundament steht, und drei Säulen – und das Gras kniehoch. Und dann erzählt er, was hier alles kommen wird: von Haus über Garten zu Tieren und Familie.

Wenn er träumt, dann träumt er gross. Und gefragt wird nicht – ist ja klar, dass ich als Frau eines Latinos mit all dem einverstanden bin. Ich bin es tatsächlich, denn auch ich bin gut im Träumen und kann Luftschlösser mit einer beharrlichen Sturheit anstreben.

Damit ich doch auch noch das Gefühl, etwas Konkretes organisiert zu haben, mit nach Hause nehmen kann, vereinbare ich mit dem Direktor der Schweizerschule in Cuernavaca einen Termin und treffe mich zum Gespräch in der Schule. Selbstverständlich ist Juan Carlos dabei –

ich kenne mich ja in Cuernavaca noch nicht aus. Ich sichere dem Direktor zu, dass wir ab Sommer 2003 hier in Mexiko wohnen werden; er kann mir nichts versprechen. Wir werden in Kontakt bleiben.

5. Que pasa? – fassungslos und konsterniert

Jedes zweite Wochenende ist Juan Carlos' Sohn bei uns, manchmal auch unter der Woche. Ich mische mich da nicht ein in die Absprachen mit seiner Noch-Ehefrau. Er ist ein süsser Junge – die Vaterschaft kann nicht geleugnet werden –, wir mögen uns gegenseitig sehr. Ich denke, dies ist sicherlich förderlich für meine Beziehung zu Juan Carlos.

Auch er merkt das sofort – wie er sowieso alles gleich riecht, wie ein Tier mit seinem untrüglichen Instinkt. So vergeht nicht viel Zeit, und ich finde mich an den Wochenenden nach dem Nachtessen alleine mit dem Dreijährigen, während es dessen Vater mit Freunden ins Nachtleben zieht. Erst mache ich mir nicht viel daraus, ich hatte ja immer viel zu tun für die Schule – auch nach Feierabend. Und ich tröste mich damit, dass wir dann eben nächstes Wochenende zusammen ausgehen werden.

Selbst am Schuljahresschlussessen mit meinen Lehrerkolleginnen und -kollegen muss ich mich bereits nach dem Essen im Engimatthof um 21 Uhr verabschieden: ich muss den Sohn abholen, den Juan Carlos ins Billardcenter nach Altstetten mitgenommen hat. Meine Schulleiterin lässt bei der Verabschiedung die Bemerkung fallen, dass dies nun doch sehr egoistisch von ihm und mir gegenüber nicht korrekt sei. Eigentlich finde ich das auch...

Heute gehen wir nach Luzern – auch da wohnte Juan Carlos zeitweise. Er will einen seiner Kollegen treffen. Es ist Samstag, herrliches Wetter. Wir geniessen am Nachmittag ein reichhaltiges Essen in einem der altehrwürdigen Restaurants am Ufer der Reuss mit Blick auf die Kappelbrücke. Danach fliesst viel Alkohol.

Der Kollege fragt mich, ob ich denn die Mutter der Kinder dieses Mannes sein wolle. Wie aus der Pistole geschossen antworte ich mit Ja. Juan Carlos fasst mich fester an der Hand und lacht seinem Kollegen siegessicher ins Gesicht: »Siehst du? Hast du gehört? Sie will Kinder mit mir!« Aus Rücksicht auf die Situation frage ich nicht nach, wie ich diese Aussage genau zu verstehen habe.

Ja, ich will Kinder. Ich bin doch schon über dreissig, der Kinderwunsch ist im Vordergrund, die biologische Uhr tickt – zu lange kann und will ich nicht mehr warten. Was soll ich mit dem in jungen Mädchenjahren träumerisch zurechtgelegten, wünschenswerten Verlauf meines weiteren Lebens? Es kommt dann eben doch häufig ganz anders.

Gemeinsam haben wir entschieden, dass ich die Pille absetze. Was, wenn es sofort einschlägt? Die Vorstellung, ein Kind mit einem noch verheirateten Mann zu kriegen, erachte ich aber doch als moralisch höchst unkorrekt. Ich nehme mir vor, mich in einem günstigen Zeitpunkt über den Stand der Dinge in Sachen Scheidung bei ihm zu erkundigen und ihn allenfalls wieder zum Vorwärtsmachen zu ermahnen.

Nach ausgiebiger Beizentour landen wir in einem noblen Club an der Pilatusstrasse, quasi die »Bahnhofstrasse« von Luzern. Ich geniesse es, von meinem Salsero über das Parkett gewirbelt zu werden – bis mir Juan Carlos entnervt und mit einer abschätzigen Handbewegung an den Kopf wirft, ich hätte absolut kein Rhythmusgefühl und würde wie ein Trampeltier tanzen. Ich habe mich wohl verhört.

Eine rauschende Nacht mit viel Alkohol und Kokain droht zu eskalieren. Wenn Juan Carlos zu viel konsumiert, tickt er verbal aus: er sieht in jedem anderen männlichen Wesen Konkurrenz und hat das Gefühl, ich mache allen Männern schöne Augen. Er fährt mich grob an, ich solle mich gefälligst benehmen. Ich solle diese Männer nicht anschauen. Ich bin total perplex und konsterniert. Ich habe doch gar nichts gemacht?! Er packt mich fest am Arm und führt mich aus dem Club. So würde das überhaupt nicht gehen, wir würden jetzt nach Hause fahren. Ich verstehe die Welt nicht mehr.

Ich merke, dass ich mit Erklärungen und Widersprechen nicht weiterkommen würde. Also versuche ich es mit der sanften Masche: »Soll ich fahren? Ich habe weniger Alkohol als du getrunken und auch nur zwei Linien Koks intus.« Der von mir geliebte Mann, der nur um wenige Zentimeter grösser ist als ich, baut sich vor mir auf, und es ist, als ob der Leibhaftige aus ihm sprechen und wirken würde. Sein irrer Blick und seine polternde Stimme schüchtern mich ein. Verletzend war jedoch der Inhalt seiner Worte: »Ob ich genug oder zu viel getrunken und konsumiert habe, sage alleine ich. Wie kannst du es wagen? Du hast gar nichts zu sagen! Oístes?! Tú no me dices nada!«

Die Heimfahrt ist schrecklich und ich werde sie mein Leben lang nicht vergessen: Ich fürchte mich, vor seinem Zustand, vor seinem Fahrstil – ich verhalte mich, wie von ihm gewünscht: Jedes Mal, wenn er mich von der Seite anblickt, schaue ich ihm in die Augen. Vielleicht kann ich ihm damit die Gewissheit vermitteln, dass ich nur Augen für ihn habe? Wie naiv ich doch bin! Wer auf dem Trip ist, sieht die Realität verzerrt. Dennoch glaube ich, dass die Liebe stärker als andere Gefühle ist und Unmögliches bewirken kann.

Wir brettern mit übersetzter Geschwindigkeit durchs Sihltal und kommen schliesslich über die Allmendstrasse nach Zürich. Fast sind wir zuhause, von der Manessestrasse aus müssen wir nur noch links in die Zurlindenstrasse abzweigen, am Goldbrunnenplatz vorbei in die Friesenbergstrasse und dann erreichen wir die Siedlung Im Tiergarten. Juan Carlos verpasst die Abzweigung, fährt weiter die Manessestrasse entlang bis zum Tunnel unter dem Parkring. Als er die falsche Richtung bemerkt, reisst er in waghalsigem Manöver das Steuer hart nach links, um vor dem Tunnel in die Sihlhölzlistrasse einzubiegen. Mit Entsetzen starre ich auf die uns entgegenkommenden Autos und schreie: »Nein! Da ist Einbahn!«

Blitzschnell korrigiert er die Fahrtrichtung und leitet eine Vollbremsung ein – der kleine Holzschuppen und die Büsche vor der Fahrtrichtungstrennwand des Tunnels fliegen direkt auf uns zu, jedoch mit abnehmender Geschwindigkeit. Ich denke: »Das war's.« Ich verabschiede mich in Gedanken von meiner Mutter und schliesse die Augen…

Unsere Schutzengel machen heute definitiv Überstunden. Wir sind beide unversehrt – und ich auf einen Schlag topfnüchtern. Uns beiden sitzt der Schock tief in den Knochen, wir danken Gott, dass wir noch leben und betrachten es als ein weiteres Zeichen unseres Schicksals, dass wir sehr wohl einen gemeinsamen Weg zu gehen haben. Wir besiegeln das mit einer innigen Umarmung und einem zärtlichen Kuss.

Nach diesem Vorfall gehen wir nur noch selten zusammen aus. Sei es, weil ich aus der zweiten Chance auf das Leben mehr machen will als bisher, oder weil mich die unbegründeten Vorwürfe von Juan Carlos verletzt haben, oder weil ich bei der Arbeit einfach sehr viel zu tun habe.

Das letzte Quintal vor Schuljahresabschluss hat's in sich. Nicht nur die Schulkinder, auch ich merke, wie anstrengend dies ist. Zumal ich noch ein Klassenlager im Tösstal organisiert habe: eine Woche lang leben und arbeiten wir in einer stillgelegten Fabrik. Aus diesen interessanten Einsichten entsteht eine Lagerzeitung. Da Juan Carlos' Einsatz im Restaurant Clipper zu Ende ist, begleitet er uns und sorgt nebst unserem leiblichen Wohl für Stimmung am Schlussabend: alle Schülerinnen und Schüler lernen Salsa tanzen.

6. México de nuevo – Landleben

Die Sommerferien sind da – endlich! Wir sind mit den letzten Vorbereitungen für die Abreise in die Ferien beschäftigt. Bei seiner Immer-noch-Ehefrau konnte Juan Carlos erwirken, dass er seinen Sohn für diese vier Wochen mitnehmen darf. Die gesamte Familie in Mexiko, allen voran Doña Tere, freut sich riesig, den jüngsten Martinez-Sprössling wiederzusehen. Auf unserer zweiten Reise nach Mexiko im Sommer 2002 haben wir teures Zahnarztequipment, das wir direkt ab Lager käuflich erwarben, im Gepäck dabei. Dies ist doch eine Motivation für Juan Carlos, nach unserer geplanten definitiven Rückkehr in einem Jahr den Wiedereinstieg in seinen angestammten Beruf, den er von seinen Eltern von der Pieke auf erlernt hat, zu wagen.

Es gibt in diesem Dorf, das laut Ortsschild doch über knapp 8'000 Einwohner zählt, nur einen Zahnarzt. Da sehe ich reelle Chancen für eine gute Positionierung – wie lukrativ dies sein wird bei der vorherrschenden Armut, wird sich zeigen. Doña Tere ist begeistert, und unterstützt mich in meiner Meinung. Ihr Sohnemann jedoch ist nur halbherzig dabei. Er hat ganz anderes im Kopf: erstens sind wir auch dieses Mal bloss in den Ferien hier, und zweitens träumt er weiter von seinem grossen Bauernhof.

Natürlich steht der Besuch bei Miguel zuoberst auf der Prioritätenliste. Das Auto von Doña Tere können wir nicht benützen, da sie schon frühmorgens nach Cuernavaca fährt, um die von ihrem älteren Sohn in Auftrag gegebenen und von ihr angefertigten Zahnprothesen abzuliefern. Juan Carlos organisiert also kurzerhand einen fahrbaren Untersatz. Mit einem in die Jahre gekommenen und schon längere Zeit nicht mehr benutzten Viehtransporter brettern wir über die holperige Naturstrasse, die sich durch die wilde Landschaft schlängelt. Während der Fahrt stellt sich ziemlich schnell heraus, dass dieses Gefährt seine Schwächen hat: Der Motor stockt und trotz bis zum Anschlag heruntergedrückten Gaspedal verlieren wir kontinuierlich an Geschwindigkeit, bis es schliesslich zum Stillstand kommt.

Gott sei Dank sind wir nicht mehr weit von Miguels Anwesen entfernt, sodass wir den Fussmarsch wagen können. In dieser unbewohnten Gegend zwischen bestellten Feldern und kargem steinigen Niemandsland lauern zuvor nicht gekannte Gefahren. Wie ich erfahre, könnten sich hier zwielichtige Personen versteckt halten: Man nimmt sich also in Acht und spricht auch nicht mit den Feldarbeitern – wer garantiert, dass diese einem wirklich gutgesinnt sind?

Miguel erklärt sich sofort bereit, Juan Carlos mit seinem Auto zurück nach Alpuyeca zu fahren, damit sie die nötigen Ersatzteile oder eben eine Abschlepphilfe organisieren können. So genau habe ich deren Fachsimpeln auf Spanisch über Autos und Motoren nun doch nicht verstanden. Tatsache ist, dass ich mit Juan Carlos' Sohn auf Miguels Grundstück bleiben werde. Zur Verteidigung erhalte ich die Machete, die hier auf dem Land jeder in seinem Auto mitführt, in die Hand gedrückt.

Da stehe ich nun also in meinem schwarzen Sommerkleid im Schatten des grossen Tamarindenbaums, die Machete in der Hand – ich fühle mich wie in einem Wildwest-Film! Während den zwei folgenden Stunden habe ich genügend Zeit, den vielen durch meinen Kopf jagenden Gedanken nachzuhängen: Es ist definitiv aufregend, zu einem gewissen Grad ja sogar gefährlich… Ich bin vom Typ her unerschrocken und kann dank dem Kung-Fu-Training mit Schwert, Stock und Lanze umgehen… Ja, zum Schutze des mir anvertrauten Sohnes von Juan Carlos und zur Selbstverteidigung würde ich im Notfall von der Waffe Gebrauch machen… Ich werde allerdings dieses Mal nicht auf die Probe gestellt.

Juan Carlos kommt mit einem befreundeten Automechaniker und dessen Pick-up zurück, um den ausgeliehenen Viehtransporter abzuschleppen. Wir können gleich mitfahren. Ich bin erleichtert, vor allem hinsichtlich der für Juan Carlos' Sohn übernommenen Verantwortung. Dennoch fühlte ich mich in den vergangenen zwei Stunden nie unwohl. Ich empfinde keine Angst in solchen Situationen, im Gegenteil – ich kann ihnen etwas Aufregendes, Spannendes, Abenteuerliches abgewinnen. Dieses Erlebnis und die damit verknüpfte persönliche tiefenpsychologische Erkenntnis werde ich nie vergessen.

Ihm kommt grosse Ehre zuteil: er darf das alljährlich im Juli ein wenig ausserhalb des Dorfes stattfindende Rodeo eröffnen. Ich weiss nicht, was das bedeutet – weiss aber, dass er an diesem Tag schon vom frühen Morgen an unterwegs ist. Seine Schwägerin nimmt mich unter ihre Fittiche und versichert mir, dass wir gemeinsam dorthin gehen werden, damit ich nichts verpassen werde.

Gegen Mittag werden die Rufe der Schaulustigen immer lauter. Was geht da in der Hauptstrasse ab? Angelica und ich machen uns zu Fuss durch die staubige Strasse die 200m auf den Weg um nachzusehen: da kommt die ganze Einwohnerschaft einer Prozession gleich die Strasse herunter, angeführt von meinem Liebsten, der auf einem wunderschönen Apfelschimmel reitet. Den stolzen Blick nach vorne gerichtet, vor Selbstbewusstsein strotzend und mit dem Lachen eines Siegers auf dem Gesicht führt er sein Volk an. Man könnte meinen, er sei gerade einer der unzähligen Legenden der Azteken entsprungen.

Meine Güte, wie bin ich stolz auf meinen Indio! Wir schliessen uns dem Tross an und kommen nach einem ca. halbstündigen Fussmarsch mit viel Geschwätz, Gelächter, Gejohle und herumgereichten Bechern mit Bier, Tequila und mir auch unbekannten und zum Teil suspekten Flüssigkeiten schliesslich bei der Arena an.

Hier stehen die Pferde und Bullen für das bevorstehende Rodeo bereit, welches natürlich auch Bullenreiten als besonders spektakulären und gefährlichen Teil dieser Veranstaltung bietet. Erst sitzen wir auf den harten Holzplatten auf der Tribüne, als sich dann aber Juan Carlos für seinen Einsatz bereitmacht, gibt es für mich kein Halten mehr. Ich steige wie die vielen anderen Männer und Kinder auf die hölzerne Umzäunung und fiebere mit.

Ich wähne mich in einem Film: Seine verwaschenen, ursprünglich dunkelblauen Jeans werden vom Gurt mit der ovalen Schnalle gehalten, seine Füsse stecken wie immer in seinen geliebten Cowboyboots, darüber schnallt er sich braune, aufwändig verzierte Chaps aus Wildleder. Er trägt ein in den Farben Weiss, Rot und Dunkelblau kariertes Hemd, die Ärmel hochgekrempelt, darüber ein schwarzes Ledergilet, ein rotes Lokfahrertüchlein um den Hals geknotet, seine wunderschönen langen gelockten schwarzen Haare zu einem Pferdeschwanz zusammengebunden, ein cremefarbener Cowboyhut auf. Dios mío, wie gut er doch aussieht!

Er schwingt sich auf die Umzäunung, lässt sich auf den in der Box eingeklemmten Bullen nieder und greift nach dem flachen, um den Körper des Tieres befestigten Seil. Juan Carlos ruft, er sei bereit. Das Gatter wird von den anderen Männern geöffnet, der Stier stürmt in die Arena. Für mindestens acht Sekunden muss ein Reiter seine Position beibehalten, wobei er eine Hand in die Luft strecken muss. Der Stier richtet sich auf, bockt, tritt, dreht sich und rollt den Rücken in der Bemühung, den lästigen Reiter abzuwerfen.

Auch mein Adrenalinpegel schiesst innert Sekundenbruchteilen in die Höhe, pure Angst um das Wohl meines Geliebten mischt sich mit grenzenloser Bewunderung für sein Können und dem Verlangen nach noch mehr Nervenkitzel. Der Bulle rennt auf die Umzäunung zu, bleibt abrupt stehen, senkt den Kopf und schlägt mit den Hinterbeinen hoch in die Luft aus. Juan Carlos kann das Gleichgewicht nicht halten, stürzt hart zu Boden, landet ca. einen Meter vor mir im Sand – mir bleibt das Herz stehen. Blitzschnell lenken einige Männer den wirklich wütenden Bullen ab, Juan Carlos steht schon wieder auf den Beinen, klettert flink auf die Umzäunung und rettet sich mit einem lässigen Schwung auf die Aussenseite der Arena. Mit einem Satz springe ich runter, renne zu ihm und lasse ihm den mehr als verdienten Siegerkuss zuteilwerden. Die Menge applaudiert frenetisch.

Heute müssen wir nach den Schweinen sehen. Ja, auch die sind auf unserem Grundstück in einem simplen und eher dürftig verriegelten Unterstand untergebracht. Ein Eber müsse kastriert werden. Dazu bedarf es also nicht eines Tierarztes, das macht Juan Carlos selber, daher nehmen wir eine Betäubungsspritze, scharfe Rasierklingen, Alkohol zum Desinfizieren und Watte mit. Ein leicht mulmiges Gefühl habe ich schon.

Gott sei Dank habe ich vor Jahren in der Tierarztpraxis, in welcher meine Schwester als Tierarztgehilfin arbeitete, einmal für eine kurze Zeit ausgeholfen. Da habe ich doch auch schon Einiges gesehen beim Assistieren von OPs – ich, die kein Blut sehen kann.

Juan Carlos zeigt auf das grosse Tier. Ich müsse ihn einfangen, am besten indem ich ihn fest an den Ohren packe und auf der Höhe der Vorderbeine zwischen meine Beine einklemme. Dabei müsse ich aufpassen, dass er mir nicht aus dem Verschlag entwische. Ich schreite langsam auf das Tier zu und packe zu zögerlich zu. Mit einem schnaubenden Grunzen verdrückt sich der Eber ziemlich wendig in die hintere Ecke des Unterstandes. Beim zweiten Mal gehe ich beherzter vor: ich packe das stattliche, etwa 80kg schwere Exemplar dezidiert an den Ohren und schwinge mein rechtes Bein rasch über dessen Rücken. Schon will der Kerl wieder abhauen, doch ich presse schnell meine

Beine voller Kraft zusammen. Das Tier merkt, dass es keinen Ausweg mehr gibt.

Juan Carlos rammt die Spritze gekonnt ins Hinterteil des Tieres, zusammen stemmen wir mit aller Kraft das Tier auf die Seite. Endlich lässt es sich seitlich fallen, ich werde angehalten, mit dem Knie den Nacken auf den Boden zu drücken und nicht nachzulassen. Schnell und definitiv nicht das erste Mal bereitet Juan Carlos den Eingriff vor, bringt die notwendigen Schnitte mit der Rasierklinge an und desinfiziert die stark blutende Wunde. Das Tier röchelt trotz Betäubungsspritze.

Auf Juan Carlos' Zeichen hin müssten wir beide aus dem Verschlag springen und diesen gut verschliessen. Mit all den Utensilien in den Händen retten wir uns ins Freie. Er sei zufrieden mit der von mir gebotenen Leistung – zumal mich dieser Eber mit seinen Hauern locker hätte schwer verletzen können.

Dieses Mal haben wir auch ein ganz spezielles Angebot im Gepäck: Wir möchten Janett, der mittlerweile 13-jährigen Tochter von Juan Carlos, ein Jahr in der Schweiz ermöglichen. Gespräche mit der Kindsmutter verlaufen alle ohne mich, Doña Tere und Janett erzählten aber ihrer Mutter von mir bereits nach meinem ersten Besuch – und so konnte ich ihr via verschiedene Vertrauenspersonen versichern, dass ich auf ihre Tochter aufpassen und sie gut behandeln werde. Als Lehrerin werde ich mich selbstverständlich darum kümmern, dass sie in die Schule gehen wird. Sie wird genau wie Juan Carlos in unserem Familienkreis aufgenommen sein. Die verbleibenden drei Wochen in Alpuyeca reichen uns gerade, die notwendigen Papiere und Unterschriften von der Mutter und den zuständigen Behörden in Cuernavaca einzuholen.

Leider hat es keinen einzigen freien Platz mehr auf unserem Rückflug, zwei Wochen später jedoch schon. Also buchen wir ein one-way-Ticket von Mexiko City nach Zürich mit UM (Begleitservice für

Minderjährige auf Flügen) – ich bezahle. Und so steht also fest, dass ich ab Ende August 2002 meine ersten Erfahrungen im (Nicht-)Mutter-Sein mit der pubertierenden Tochter von Juan Carlos erproben werden kann.

Amor loco – ist das Liebe?

7. Esfuerzo – mittendrin verstrickt

Das letzte Schuljahr beginnt – sowohl für meine frischgebackenen Sechstklässlerinnen und Sechstklässler als auch für mich. Bei den Übertrittgesprächen im kommenden Januar werde ich eine grosse Verantwortung tragen, stelle ich doch mit meiner Einschätzung und Einteilung die Weichen für den weiteren Weg und die berufliche Zukunft meiner Schützlinge entscheidend mit. Da kommt viel Arbeit auf mich zu.

Ich bin total absorbiert, auch mit der Organisation des bevorstehenden Jahresaufenthaltes von Janett.

Juan Carlos hat momentan keinen Job. Er bemüht sich auch nicht, eine Beschäftigung zu finden. Sehr schnell ist er wieder im gefährlichen Fahrwasser und Einflussbereich seiner Freunde, die ihn gar nicht erst zu überzeugen brauchen, ins riskante und hartumkämpfte Drogengeschäft einzusteigen – quasi vollberuflich. Er verspricht sich davon, das schnelle Geld zu machen, das wir in einem Jahr sehr wohl gut gebrauchen könnten, wenn wir in Mexiko unsere neue Existenz aufbauen und gut leben wollten. Da ist was dran. Dennoch, ich habe Skrupel, grosse Gewissenskonflikte und Bedenken…

Er verfügt über die nötigen Kontakte, hat sich durch seine unerschrockene und knallharte Art schon früher einen Namen in diesem business gemacht – da sei es für ihn ein Leichtes, wieder einzusteigen. Zudem sei mein Auto unauffällig genug, dass er damit seiner Beschäftigung nachgehen könne. Ich brauche mein Auto für den Arbeitsweg, auch um die notwendigen Bücher für die Vorbereitung der vielen Fächer oder die Stapel Hefte zum Korrigieren nach Hause zu schleppen.

Ich unterrichte meine 26 Jungs und Mädels – darunter auch einen Autisten und einige Flüchtlingskinder, die noch kaum Deutsch sprechen – alleine in einem Vollpensum. Er sei ja nachts unterwegs, und ich tagsüber. Ok, das könnte gehen.

Schneller als es mir lieb ist befindet sich Juan Carlos wieder mittendrin im Drogenmilieu, nicht nur als Konsument sondern auch als Dealer. Einmal bin ich an einem Samstagmorgen ungewollt bei einer Lieferungsübergabe in der Rotachstrasse beim Goldbrunnenplatz dabei. Die Mittelsmänner wollen gleich ausrasten, da versichert ihnen Juan Carlos, dass ich von ihrer Unterhaltung auf Spanisch nichts verstehen würde.

Ich spiele mit und tue so, als ob dies das Normalste der Welt sei, verhalte mich unauffällig, ruhig. Zwei Minuten später ist der Spuk vorbei. War jetzt das eben real, was ich da miterlebt habe? Eigentlich eine kurze Sache.

Danach fahren wir in den Brunaupark und machen unseren Wocheneinkauf.

Dass Kokainkonsum die Wahrnehmung verzerrt und dies insbesondere in den Stunden nach der Einnahme am intensivsten ist, ist bekannt. Bei Juan Carlos wurde ich oft Zeugin, dass er nach seiner Rückkehr in den Morgenstunden häufig übergrosse schwarze Spinnen an den Wänden in unserem Wohnzimmer sah und diesen den Garaus machen wollte. Auch zeigte er Furcht, suchte Schutz bei mir, flüchtete sich in meine Umarmung, war plötzlich wie ein kleiner verängstigter Junge.

Ich, die ich eigentlich bereit für den Arbeitstag war und nur noch auf ihn wartete, damit ich mit dem Auto nach Leimbach ins Schulhaus fahren konnte, war dann jeweils voll im Dilemma. Einerseits brauchte er mich jetzt, andererseits konnte ich meinen Job nicht vernachlässigen. Da konnte seine Stimmung schlagartig wechseln: mit irrem Blick und harter Mine konnte er mir gefühlskalt an den Kopf werfen, ich solle mich bloss richtig entscheiden, sonst würde ich es zu spüren bekommen.

Ich bin von Grund auf keine ängstliche Person, doch diese hingeschmetterte Drohung beunruhigt mich, lässt mich auch auf dem Weg nicht los. Ich fahre mit übersetzter Geschwindigkeit der Allmend entlang, damit ich noch rechtzeitig in der Schule ankomme. Ich hoffe, er schläft seinen Trip aus und ist dann am Nachmittag, wenn ich wieder nach Hause komme, wieder bei Sinnen. Mit grösster Wahrscheinlichkeit erinnert er sich auch nicht an seine hässlichen Worte.

Nach einem langen Arbeitstag öffne ich die Haustüre und frage mal vorsichtig in den Raum »Mi amor? Soy yo. Como te sientes?« Da sitzt er im Wohnzimmer an der Bar, zusammen mit einem Bekannten. Mexikaner, 43 Jahre alt, hat eine Schweizerin als Freundin, die nach nur drei Monaten des Zusammenseins gleich schwanger wurde. Sie sei kurz vor der Niederkunft. Nun, dann werde er halt nochmals Vater. Sie würden danach ebenfalls nach Mexiko auswandern. Ich getraue mich, meine Meinung kund zu tun.

Wie aus dem Nichts fällt der erste Schlag mit dem stumpfen Arm ohne Hand ins Gesicht. Ich bin wie gelähmt vor Schock. Fassungslosigkeit über die eben erfahrene Ungerechtigkeit macht sich breit, ich taste meine Wange ab, drehe meinen Kopf zu ihm, blicke direkt in seine Augen, die keine Spur von Reue erkennen lassen.

Nun steigt die blanke Wut in mir hoch. Ob er eigentlich noch bei Sinnen sei? Was das eben gerade gewesen sei? Welcher Teufel ihn reite? Ich gehe auf ihn los, und trommle mit meinen Fäusten auf seinen Oberkörper – es ist mir egal, ob ich ihn auch im Gesicht treffe.

Mit seiner einen Hand packt er blitzschnell meinen linken Unterarm und dreht mich daran um meine eigene Achse. Erst mal in festem Griff im Schwitzkasten gefangen, woraus ich mich nicht befreien kann, schreit er mir direkt ins Ohr: »Pendeja! Was glaubst du eigentlich, wer du bist?! Du wurdest nicht gefragt. Deine Meinung interessiert uns einen Scheiss! Entschuldige dich bei meinem Landsmann. Und versuche nie wieder, die Hand gegen mich zu erheben. Du hast sowieso keine Chance. Schau nur, was du damit provozierst.«

Ich habe doch gar nichts falsch gemacht? Er drückt meinen Arm nach unten, zwingt mich somit in die Knie und stösst mich mit voller Kraft von sich weg. Ich verliere den Halt auf meinen Füssen und lande hart in der massiven Bar aus Holz. Es fehlt mir die Zeit zu verstehen, was hier gerade passiert. Ich versuche mich hochzurappeln. Er kommt erneut auf mich zu und tritt mit seinen Füssen nach mir. Ich schreie, er solle aufhören.

Erst jetzt vernehme ich die Stimme des Kollegen, der Juan Carlos zur Vernunft zu bringen versucht: »Ist ja gut. Es ist genug. Lass sie!« Es ist, als würde der seit langem aufgestaute, tief im Innern schlummernde Hass in der Gesamtheit entfesselt werden. Es folgen weitere verbale Attacken. Den Kollegen schickt er mit einer kurzen, scharfen Anweisung aus der Wohnung, woraufhin dieser das Haus verlässt.

Ich kauere am Boden, Tränen rollen mir über die Wangen. Ich spüre meinen Körper nicht, weder den schmerzenden und ohnehin schon lädierten Rücken, noch die Rippen, die offenbar einen Fusstritt abkriegten. Es sind die Worte, die mich zutiefst verletzt haben.

Juan Carlos hockt sich neben mich auf den Boden und versucht mir zu erklären, wie ich mich zu verhalten habe, wenn er mit seinen Freunden im Gespräch ist. Er verlangt Verständnis. Er will einen Arm um mich legen.

Ich blicke ihn nur tieftraurig und über alle Massen enttäuscht an, erhebe mich und gehe wortlos ins Badezimmer, wo ich warte, bis er die

Wohnung verlässt und mit dem Schlüssel die Eingangstüre abschliesst. Ich begutachte meine vom ersten Schlag gerötete Wange, taste meine schmerzenden Stellen an Rücken, Brustkorb und in der Bauchgegend ab.

Ich könnte kotzen vor Wut, gleichzeitig überkommt mich immense Traurigkeit und dann macht sich Schamgefühl breit. Ich fühle mich so schlecht, merke wie sich in meinem Körper etwas windet.

Ich gehe aufs Klo und verliere Blut. Erschrocken betrachte ich das Rot, das sich ähnlich wie beim Marmorieren von Papier einen nicht vorhersehbaren Weg durch das klare Wasser bahnt und einen stillen einsamen Tanz in schmuckem, sich ständig verändernden Muster hinlegt. Ich entdecke einen undefinierbaren, ca. zwei Zentimeter langen, dunkelrot-schwarzen Klumpen. Langsam dämmert es mir: ich hatte eben einen Abort. Ich war schwanger…! Nachforschungen belegen, dass ich in der 9. Woche mein Baby verlor. Fassungslosigkeit und Trauer hüllen mich ein.

An einem Nachmittag wurden gleich zwei unsichtbare Grenzen irreparabel überschritten. Es wird niemals mehr sein wie zuvor, der Respekt erfuhr eben eine herbe Reduktion.

Werde ich stark genug sein und die Konsequenzen daraus ziehen? Ich vertrete so stark die Meinung der Nulltoleranz – will heissen, dass mit dem ersten Mal, wenn die Hand gegen einen erhoben wird, die Grenze bereits überschritten wird.

Dennoch verzeihe ich ihm.

Janett kommt wie geplant Ende August in der Schweiz an. Ich habe für sie einen Platz in der Auffangklasse organisiert, Juan Carlos begleitet sie in der ersten Woche auf dem Weg mit dem Tram ins Schulhaus Lavater. Eigentlich gut, geht er in dieser Zeit keiner geregelten Arbeit nach, so kann er sie auch über Mittag betreuen. Janett lernt schnell, sie findet sich auch bereits mit den ÖV zurecht und bewegt sich sicher durch den Alltag. Es gefällt ihr, mit uns ein anderes Leben kennen zu lernen. Nach drei Monaten sorge ich dafür, dass Janett in meine sechste Klasse wechseln kann. Ich bin es mir ja bereits gewohnt, den Unterricht in dieser heterogenen Klasse individuell und nivelliert – eben voll auf die Lernbedürfnisse jedes einzelnen Schulkindes abgestimmt – zu halten. Über Mittag darf Janett bei verschiedenen Schulkolleginnen und -kollegen und deren Familien essen. Auch bei meinem Bruder und dessen Familie verbringt sie einen Mittag pro Woche. Dadurch ist sie sehr schnell mitten drin, gehört dazu und fühlt sich wohl.

Ich bin froh, dass durch ihre permanente Anwesenheit und die Betreuungswochenenden mit Juan Carlos' Sohn alle 14 Tage unser Zusammenleben stark reguliert wird. Klar, es ist für mich auch anstrengend, dies alles unter einen Hut zu bringen, doch ich bin vom Typ her eher die Gebende. Dennoch frage ich mich in den seltenen Momenten, die ich für mich alleine habe, wo da bitteschön noch ein „wir" und später eine eigene Familie Platz haben soll?

Juan Carlos hat Mühe damit, Eigenkonsum von Geschäft zu trennen. Bei ersterem übertreibt er dermassen, dass er es nicht einmal mehr schafft, auf spätestens sieben Uhr morgens nach Hause zurückzukehren.

Ich stehe da, mit all meinen Büchern und Heften in Migros-Säcken verpackt, und muss improvisieren. Mit Bus und Tram erreichen Janett und ich das Schulhaus nach dreimaligem Umsteigen auch. Am Abend erwähne ich ihm gegenüber, dass dies sehr umständlich und suboptimal sei – besonders auch für seine Tochter.

Er verspricht, er werde sein Bestes tun, dass dies nicht mehr vorkomme. Es bleibt allerdings nicht bei diesem einen Mal.

Ich fahre mit meinem silberfarbenen Ford Fiesta »poco loco« – dies ist wirklich der Autotyp und nicht unsere Erfindung, auch wenn die Bezeichnung total zu uns passt: »ein wenig verrückt« – Richtung Leimbach. Beim Einbiegen in die Sihlweidstrasse blendet mich die bereits tiefstehende Novembersonne. Ich klappe die Sonnenblende herunter, es fallen mir zwei kleine Zip-Beutel mit Kokain entgegen.

Meine Herzschlagfrequenz erhöht sich schlagartig und lässt mich kurz und flach atmen. Verdammt! Das geht nun aber gar nicht! Wegen seiner Unzuverlässigkeit fahre ich mit Stoff im Auto umher?! Was, wenn ich in eine Polizeikontrolle geraten wäre? Mit Schwung fahre ich in die freie Parklücke auf dem Parkplatzareal des Schulhauses und verstaue die beiden Beutel mit zittrigen Fingern wieder unter der hochgeklappten Sonnenblende.

In der Pause verziehe ich mich mit einer Zigarette ins Auto und rufe Juan Carlos an.

Bisher tangierten seine Drogengeschäfte meinen Arbeitsalltag nicht. Mit meinem Gewissen mache ich aus, dass ich mich dadurch nicht strafbar mache. Mir würde man so etwas nie zutrauen, dafür bin ich viel zu schweizerisch – mit meiner ehrlichen, rechtschaffenen Art und meinem korrekten Auftreten bin ich also die ideale Partnerin.

Meinen Eigenkonsum habe ich seit unserem beinahe fatal endenden Autounfall drastisch reduziert: mein Herz verträgt diesen Stoff nicht, kollabiert nahezu im sinusartigen Wechsel vom hochfrequenten Puls eines Kolibris zum beängstigend langen Aussetzen des Herzschlages.

Ich erschrecke über meine Gedankengänge und die eigene Erkenntnis.

8.   Felíz navidad y próspero año nuevo – die besten Wünsche

Zusammen mit Janett reisen wir im Dezember 2002 über Weihnachten nach Mexiko. Ich freue mich, das Fest der Liebe mit Juan Carlos' Familie fröhlich zu verbringen. Wir brauchen unbedingt schöne und positive Impulse von aussen. Janett ihrerseits freut sich sehr, ihre Mutter und ihre kleine Halbschwester nach vier Monaten wiederzusehen.

Ich mache mir nicht viel aus den kitschigen, leuchtenden Dekorationen, die das ganze Jahr über nicht von den Häusern demontiert werden. Es macht mir auch nichts aus, dass wir hier statt Schnee den Staub auf den Strassen aufwirbeln.

Es kommt so etwas Ähnliches wie Gemütlichkeit auf, wenn die Familie zusammen mit den engsten Freunden Zeit verbringt, isst, lacht, musiziert.

Don Victor, seines Zeichens Freund der Familie, ist jeden Tag nach der Arbeit hier: ich schätze ihn so ungefähr 65-70 Jahre alt, er arbeitet immer noch als Maurer und wohnt in einem Einzimmer-Verschlag unten an der Strasse. Frau und Kinder wendeten sich von ihm schon vor Jahren ab, als er die Tage nur noch mit Alkohol ertrug und sie schliesslich darin ertränkte. Gott habe ihm die Hand gereicht, er habe seine zweite Chance gepackt. Er ist »el brujo«: sein weitreichendes Wissen rund um Heilung kommt allen zugute.

Auch Miguel ist mit von der Partie, wir begrüssen einander herzlich. Er nennt mich »hermanita« – kleine Schwester. Ich erachte es als Vorteil, mit dem besten Freund meines Partners ein gutes, freundschaftliches Verhältnis zu pflegen.

Wir besuchen auch die Grosseltern von Juan Carlos in San Miguel de Allende. Die 350 km lange Fahrt mit Doña Tere's altem Opel ist beschwerlich. Der Grossvater ist gesundheitlich sehr angeschlagen und bettlägerig – da ist uns kein Aufwand zu gross, die Strapazen nehmen wir gerne auf uns.

Vor Ort gebe ich mir Mühe, mich wie eine Latina zu verhalten, und mir die Namen der vielen Tanten und Onkel, jene von deren Kindern plus Partner und wiederum die ihrer Kinder zu merken... Die vife und rüstige Grossmutter mag mich, der schwache Grossvater lächelt mich mit seinen tiefschwarzen Augen an und zieht mich zu ihm hin, damit ich ihn zum Abschied auf die Wangen küssen kann. Ich sage, wir würden im Sommer wiederkommen, dann für immer. Er flüstert: »Ojalá que pueda vivirlo.«

Juan Carlos geht nach dem üppigen traditionellen Weihnachtsschmaus, den wir erst etwa gegen Mitternacht essen, aus. Doña Tere schaut mich fragend an, ich zucke nur mit den Achseln.

Sylvester wird in Alpuyeca zusammen mit Juan Carlos' Schwester und deren Familie fröhlich gefeiert. Es wird gemeinsam gesungen, Juan Carlos spielt dazu Gitarre. Ich beneide das Talent und den Mut, welche ihnen in die Wiege gelegt sein worden müssen. Alle singen, und zudem wirklich gut! Ich kenne die traditionellen Lieder nicht, singe aber mit, so gut ich kann. Ob ich denn auch rote Unterwäsche trage? Nein, weshalb? Das bringe Glück. Nun, dann muss ich wohl auf Glück aus anderer Quelle hoffen. Es wird viel getrunken und gelacht.

Wir dürfen alle noch auf eine Tequila-Runde zur Schwägerin ins Haus nebenan. Toll haben sie es hier. Geschmackvoll eingerichtet, passend zum Baustil des Hauses.

Am nächsten Mittag erwache ich in einem mir fremden Zimmer. Neben mir auf dem schmalen Kinderbett liegt Juan Carlos. Wir beide tragen immer noch unsere Kleider und Schuhe. Ich hätte zu tief ins Glas geguckt – es sei alles meine Schuld. Tatsächlich brummt mir der Schädel wie ein Bienenhaus. Meine Schuld? Von wegen! Juan Carlos liebt das Nationalgetränk, da geht an einem Abend locker eine halbe Flasche drauf.

Ich richte mich auf, blicke ihn an und glaube, mich zu ihm sagen zu hören: »Ich wünsche dir – nein uns – nur das Beste für's neue Jahr, vor allem Liebe.«

Wir müssen bereits wieder unsere Koffer packen, statten wir doch vor der Rückkehr nach Zürich in Mexiko-City noch Juan Carlos' Vater, dem er mich vorstellen möchte, und dessen Freundin einen kurzen Besuch ab.

Die Koffer liegen offen auf Doña Teres Bett, das sie uns jedes Mal überlässt, wenn wir hier sind. Kleiderhaufen stapeln sich auf beiden Seiten, Schuhe stehen davor auf dem Boden. Alles wollen wir ja nicht mehr mitnehmen, dann gibt es im Sommer weniger davon wieder mitzuschleppen. Doña Tere hat zu diesem Zweck auch bereits zwei Schäfte im Gestell für uns freigeräumt. Die grösste Herausforderung beim Packen stellt dieses Mal allerdings die Laterne aus Metall in Sternform, die wir für meine Mutter auf dem Markt in San Miguel de Allende erstanden haben, dar.

Ich bin nervös, will vorwärts machen und halte auch Juan Carlos dazu an, mitzuhelfen. Er muss nachher auch noch Janett mit ihrem Gepäck bei deren Mutter abholen. Er fährt mich an, was das jetzt eben gewesen sein soll. Ich wiederhole, er solle mir helfen mit seinen Sachen.

Da ergreift er mich mit seiner rechten Hand an meinen Haaren und donnert mir meinen Kopf mit voller Wucht in den tönernen portagarrafón, den wir ebenfalls auf dem Markt in San Miguel de Allende als erste Errungenschaft für unser gemeinsames neues Heim gekauft haben. Meine rechte Gesichtshälfte dröhnt. Bevor ich reagieren kann, rast mein Gesicht erneut in den schön verzierten Wasserflaschenhalter. Ich schreie vor Schmerz.

Doña Tere steht im Türrahmen und mahnt ihren Sohn zur Vernunft. Don Victor sitzt auf dem Sofa und schaut fern. Es folgt ein gewaltiges Wortgefecht, welches ich unter Tränen bestreite.

Doña Tere schafft es, dass ihr Sohn von mir ablässt. Sie nimmt mich bei der Hand und führt mich in die Küche zum Kühlschrank, wo sie glücklicherweise ein noch rohes Stück Fleisch findet. Dieses heisst sie mich auf die schmerzende Gesichtshälfte zu legen. Dies sei am wirkungsvollsten, sie habe da Erfahrungen sammeln können mit ihren mittlerweile drei erwachsenen Kindern, wenn diese nach Schlägereien mit blauen Augen nach Hause gekommen seien.

Mit einer beeindruckenden Farbpalette auf der rechten Seite im Gesicht, die von rot über violett und blau alle Schattierungen aufweisen kann, verabschiede ich mich von meiner Schwiegermutter in spe. Janett schaut mich nur an – sie braucht keine Erklärung, sie weiss genau, was vorgefallen ist.

Der Vater von Juan Carlos holt uns am Busbahnhof in Mexiko-City ab und bringt uns in eine seiner vielen Wohnungen, die überall in Mexiko verteilt sind und die er an den Orten besitzt, wo eine Frau auf ihn wartet. Beim Willkommensdrink fragt er mich, was passiert sei.

Ich blicke Juan Carlos eisig an und fordere ihn heraus: »Nun, willst du es deinem Vater nicht erzählen, was du gemacht hast?« Mit einem perfiden Lächeln meint er nur: »Aber gerne.« Voller Stolz erzählt er seinem Vater, wie er mich zur Raison gebracht habe. Ich glaube, ich habe mich eben verhört, und blicke ihn ungläubig an.

Wenn ich bis hierhin gedacht habe, eine grössere Erniedrigung könne wohl niemandem widerfahren, werde ich eines Besseren belehrt. Der Vater klopft dem Sohn auf die Schulter, lacht und sagt: »Gut gemacht. Diesen Pendejas muss man schon zeigen, wer der Herr im Hause ist.«

Ich schlucke leer, beschliesse gar nichts mehr zu sagen, diesen Nachmittag nur noch über mich ergehen zu lassen und mich auf den Rückflug zu freuen.

20 Stunden später ist dies Vergangenheit, wir sind zurück in Zürich, ich muss mich jetzt auf den mir bevorstehenden Endspurt bei meiner Arbeit mit dem für die Schulkinder entscheidenden Zeugnis und den zu führenden Übertrittgesprächen bis zu den Sportferien konzentrieren.

Doch, wie soll ich in diesem Zustand, vor allem mit solchem Aussehen, arbeiten gehen? Mein Kopf dröhnt, ich fühle mich nicht fähig, klar zu denken, mich wieder voll in meine Arbeit zu stürzen. Zu einem Arzt will ich auf keinen Fall – zu sehr schäme ich mich, das Geschehene erzählen zu müssen. Eine Notlüge muss her: mir sei beim Ausladen des Handgepäcks ein Koffer direkt ins Gesicht gefallen. Mit zwei Tagen Verspätung nehme ich meine Beschäftigung als Lehrerin wieder voll auf.

Juan Carlos entschuldigt sich erst, als wir wieder zuhause sind. Das hätte er doch nicht so gewollt, aber ich müsse doch auch mein Temperament zügeln.

Ich verzeihe ihm – schon zum zweiten Mal. Ich kann mich nicht mehr im Spiegel anschauen: nicht wegen der blauen Flecken, sondern weil ich mich selbst nicht mehr erkenne – das wollte ich doch nach dem ersten Mal nicht mehr akzeptieren!

Ich bin froh, dass ich vom Lehrerkollegium nicht allzu sehr zum Unfallhergang befragt werde.

9. Desesperada – unerträgliche Situation

An meinem 32. Geburtstag habe ich eine grosse Runde zu bewirten: Freunde von Juan Carlos und meine Familie sitzen gemütlich und bunt zusammengewürfelt in unserem Wohnzimmer – eigentlich ein Grund zum Feiern.

Eine harsche und stimmgewaltige Zurechtweisung von Juan Carlos an meine Adresse vor all meinen Gästen ist zu viel für mich: ohne viel zu überlegen schnappe ich meinen Mantel und meine Handtasche und verlasse die Festivitäten, setze mich in mein Auto und fahre nach Leimbach. Im zweiten Zimmer in der Wohnung meiner Mutter lege ich mich auf das Gästebett und schliesse die Augen. Diese Stille – ich geniesse die absolute Ruhe.

Es ist mein Geburtstag, die Familie feiert bei mir zuhause, und ich flüchte hierher. Ich ertrage es einfach absolut nicht, auf diese erniedrigende Art zurechtgewiesen zu werden – und dann noch vor anderen Leuten! Kurz vor Mitternacht mache ich mich auf den Rückweg.

Hier zuhause sind alle bereits gegangen. Wortlos räume ich auf, bringe das Geschirr und die Gläser in die Küche. Juan Carlos hakt nochmals nach, das sei nun doch das Hinterletzte und Respektloseste gegenüber den Anwesenden gewesen: an meinem Geburtstag einfach zu gehen! Ich erwidere bloss, dass es auch nicht wirklich toll und nötig gewesen sei, mich an meinem Geburtstag vor allen so zu behandeln. Ich gehe ins Bett, er setzt sich vor den TV.

Janett wagt es tatsächlich, an einem Mittwochnachmittag zu spät nach Hause zu kommen. Juan Carlos ist ausser sich, fängt sie an der Haustüre ab und schreit sie an. Ihre Antwort – die ich nicht höre, da ich auf der Terrasse eine Zigarette rauche – wertet er offenbar als respektlos.

Janetts Schreie vor Schmerz lassen mich von der Terrasse in die Wohnung stürzen. Es schockiert mich zu sehen, wie er seiner Tochter mit dem Gurt, den er zuvor aus seiner Hose gelöst haben muss, Schläge verpasst.

Ich gebiete ihm Einhalt: »Stopp! Bist du von allen guten Geistern verlassen? Hör auf, dein Kind zu schlagen!« Er erwidert bloss, er werde sie schon lehren, ihrem Vater Respekt zu zollen…

Entsetzt und besorgt gebe ich zu bedenken, dass ich doch sehr hoffe, dass dies bei unseren gemeinsamen Kindern dann mal anders gehen werde.

Am 24. Januar 2003 denke ich intensiv an meinen Vater – wie immer an seinem Geburtstag. Heute wäre mein Vater pensioniert geworden – wenn er noch gelebt hätte. Als ich zwölf Jahre alt war sprachen meine Eltern über diesen Moment. Ich machte mir dazu meine eigenen Gedanken und versuchte mir vorzustellen, wo ich dann im Leben stehen würde. Ich sah mich dann verheiratet mit einem lieben Mann, wir hätten zwei Kinder und natürlich auch einen Hund, wir würden in einem herzigen Reiheneinfamilienhaus ein wenig ausserhalb der Stadt wohnen, ich würde als Archäologin Teilzeit arbeiten…

Hmmm, da bin ich doch noch ziemlich weit von meiner Wunschvorstellung von damals entfernt. Das stört mich allerdings nicht im Geringsten. Das Leben ist stets im Fluss – das Einzige, was sicher ist, ist die Veränderung.

Der Typ Mensch, der ich bin, zeichnet sich dadurch aus, sich immer wieder neue Aufgaben aufzuerlegen – und dabei stets das Gefühl zu haben, nicht zu genügen und sich noch mehr Mühe geben zu müssen.

Da kommt mir doch die Idee von Juan Carlos' Mutter, für drei Monate zu uns zu kommen, sehr gelegen. Klar, ich werde mich sofort um ein Ticket kümmern – und ihr das selbstverständlich bezahlen. Ihre Anwesenheit könnte das Einhalten des Anstandes und Respekts sichern und für das nötige Gleichgewicht in unserer hitzigen Beziehung sorgen.

Auch er macht sich diesbezüglich offenbar seine Gedanken: Er will aus dem Kokaingeschäft aussteigen. Dieser Beschäftigung kann er nicht nachgehen, wenn seine Mutter unter dem gleichen Dach lebt – da hat er zu viel Respekt vor seiner Mutter.

Also erreichen mich an einem schönen Januarmorgen in den ersten zwei Lektionen in der Schule zig Anrufe von Juan Carlos auf meinem Handy. Die Nacht zuvor ging er seinen Verpflichtungen nach, kam wieder einmal nicht pünktlich nach Hause, sodass Janett und ich mit den ÖV unterwegs sind.

Leicht besorgt rufe ich ihn in der Zehnuhrpause zurück. Er könne nicht mehr, er wolle nicht mehr... Ich habe Mühe, sein Lallen zu verstehen. Er habe all den Stoff das Klo runtergespült. Mir bleibt ein Kloss im Hals stecken. Da wurden eben tausende von Franken in die Kanalisation geschickt, die ich bezahlt habe. Während ich innerlich fluche, versuche ich ihn zu beruhigen: »Ist ja gut. Ich bin an deiner Seite. Ich finde deine Entscheidung mutig und super. Wir schaffen das, gemeinsam sind wir stark – wie immer.«

Sein Eigenkonsum bleibt, also geht weiterhin viel Kohle für die Beschaffung drauf, was ich dann doch anmerke. Das gehe ins Geld, zumal kurz zuvor das weisse Pulver zuhauf vernichtet wurde und das Ticket für Doña Tere auch bezahlt werden musste.

Es packt ihn die blinde Wut, mit schnellen Schritten kommt er auf mich zu, schreit mich an, und umklammert mit einer schnellen Bewegung meinen Hals mit seinem Arm. Unter Tiraden von Schimpfwörtern drückt er immer mehr zu, ich schnappe nach Luft. Janett kommt hinzu und traut sich, die Stimme gegen ihren Vater zu erheben. Er lässt von mir ab und packt seine Tochter, schleudert sie auf das Sofa.

Ich poltere mit lauter Stimme: »Lass sie! Sie hat nichts damit zu tun und kann doch nichts dafür!« Janett weint, ich auch – er beschimpft uns beide. Er nimmt sich eine Jacke von der Garderobe und verlässt die Wohnung. Ich tröste Janett so gut es geht. Wir Frauen müssen zusammenhalten. Das kann ja so nicht weitergehen!

Am nächsten Tag haben wir eine Sitzung im Lehrerkollegium. Nach deren Ende kommt meine Schulleiterin auf mich zu und fragt, ob dies Würgemale an meinem Hals seien. Oh Gott, wie habe ich es bloss vergessen können, meinen Schal um den Hals geschlungen zu lassen? Ich leugne es, habe allerdings auch keine bessere Erklärung.

Nach dem Abendessen nimmt Juan Carlos seine Tochter mit in den Ausgang. Ich wage erst gar nicht zu intervenieren. Er will offenbar sein Fehlverhalten ihr gegenüber wiedergutmachen. Ich frage sie, ob das so okay für sie sei – was für eine doofe Frage: logisch! Eine junge Erwachsene findet das natürlich der Hammer!

Ich nutze den Abend, um nachzudenken. Ich habe mich in diese Geschichte dermassen verstrickt und mich dabei so sehr verloren, dass ich mich selber nicht wiedererkenne. Ist das wirklich das, was ich mir schon immer wünschte? Eine Patchwork-Familie, wobei ich die Kinder meines Partners betreue? Ein Partner, der nicht arbeitet, Drogen konsumiert und mich verbal und physisch misshandelt? Will ich wirklich mit diesem Mann ein neues Leben in Mexiko beginnen, eine Familie gründen? Bin ich da immer noch auf Kurs?

Juan Carlos kommt mit seiner Tochter erst in den frühen Morgenstunden nach Hause – voll verladen. Ich fasse meinen ganzen Mut und sage ihm, so gehe das nicht. Er habe die Verantwortung für seine Tochter wahrzunehmen – das habe er aber ja offenbar nicht gemacht. Das könne ich nicht tolerieren. Ich spüre, wie die ganze angestaute Wut nach meinen vorgängig gemachten Überlegungen in mir aufsteigt. Ich probiere mich zu kontrollieren.

Gut, dann gehe er eben. Er schaut mit seinem leeren Blick durch mich hindurch, holt seine Taschen und beginnt, wahllos Kleider und Schuhe reinzuwerfen. Ich pokere hoch und sage: »Mach das nur, geh! Ich ertrag dich und all deine Probleme nicht mehr!« Klar doch, er nehme auch Janett mit – gleich jetzt.

Wohin er denn zu gehen gedenke? Keine Ahnung, vielleicht zu seinen Freunden in den besetzten Häusern. Ja, mit diesem Gefühl müsse ich dann leben, eine Minderjährige um diese Uhrzeit aus der Wohnung geschmissen und auf die Strasse gestellt zu haben. Er weiss genau, dass er mit dieser Aussage mein Verantwortungsgefühl gegenüber seiner Tochter empfindlich trifft. Ich schaffe es einfach nicht, ich kann mich nicht von ihm trennen…

Rückblickend muss ich feststellen, dass die Häufigkeit der Vorfälle exponentiell steigt. Wohin führt das? Tief in meinem Innern weiss ich, dass so eine gemeinsame Zukunft chancenlos und unmöglich ist. Ich will aber immer noch daran glauben. Ich liebe doch diesen Mann, er ist doch mein Traummann! Es wird sicher alles besser, wenn wir erst einmal in Mexiko leben werden.

Juan Carlos trägt allerdings weiterhin nicht zum Gelingen bei. Ich habe mich schmerzlich an seine Abwesenheit gewöhnt, nicht aber daran, dass ich rund um die Uhr für seine Tochter da sein soll. Sie trägt ungefragt meine Kleider, benutzt meine Kosmetik- und Schminkartikel, stöbert in meinen ganz privaten Schätzen herum als sei dies das Selbstverständlichste auf Erden – und räumt danach nicht mal auf. Innerlich koche ich: Wie kann sie nur so respektlos sein? Hat sie denn das nie gelernt?

Ich spreche sie und auch Juan Carlos darauf an. Sie zuckt nur mit den Achseln, seine Antwort ist ein déjà-vu: »Oh sorry! Wir wohnen hier alle zusammen, hier gibt es kein 'das ist meins', allen gehört alles. Schon wieder vergessen?«

Ich fühle mich nicht einmal mehr in meinen eigenen vier Wänden wohl.

Es ist Anfangs Februar, Juan Carlos unterwegs. Nur schon der Gedanke auf einen weiteren Abend mit Janett, die sich doch eh nur über mich lustig macht und mich damit nervt, wie es ihr gerade passt, lässt mich das Weite suchen.

Ich ziehe meinen Mantel an, verlasse die Wohnung ohne Ziel vor Augen und spaziere ganz alleine stundenlang durch die sternenklare Nacht – ich bin verzweifelt.

10. Visita de Doña Tere – Hoffnungsschimmer

Auf den Beginn der Sportferien, es ist Anfangs Februar 2003, kommt Doña Tere zu uns. Ich verspreche mir ja viel von diesen drei Monaten, die sie bei uns weilen wird: vor allem Beruhigung, Normalisierung, Wiederaufbau.

Als erste Überraschung erfüllen wir ihr den Wunsch, Schnee live zu erleben. Mit meinem Cousin und dessen Frau habe ich vorgängig ausgemacht, dass wir für ein verlängertes Wochenende in ihrem Hotel Garni Chesa Antica in La Punt im Engadin in zwei Zimmern nächtigen können. Ausgedehnte Spaziergänge durch die tief verschneite Landschaft bei strahlendem Sonnenschein lassen unsere Herzen leicht werden.

Wir mieten Skier für Janett, die dank der Geduld und Vermittlungsfähigkeiten der Frau meines Cousins am ein paar hundert Meter entfernten Anfängerhügel Müsella das Skifahren inklusive das Liftfahren lernt. Janett ist ein Dickschädel. Was sie sich in den Kopf gesetzt hat, will sie auf Biegen und Brechen erreichen. Sie wird nicht müde, immer wieder mit dem Tellerlift hochzufahren, um nochmals in Stemmbögen die Piste hinunter zu kurven. Nach einem intensiven Tag kann sie es.

Abends geniessen wir die Gastfreundschaft meiner Familie bei einem gemütlichen Fondue-Essen. Ich beobachte mit einer gewissen Erleichterung, dass auch mein Cousin, auf dessen Meinung ich grosse Stücke halte, sich mit meiner neuen Familie gut versteht und damit meine Wahl stillschweigend gutheisst.

Am folgenden Tag möchte ich Doña Tere mein Lieblings-Skigebiet oberhalb Celerina zeigen. Dies scheint mir insofern sehr geeignet, da wir mit der Gondelbahn bis auf den Piz Nair hochfahren und die Aussicht von da oben geniessen können. Zudem bietet sich auch mir die Möglichkeit, endlich wieder mal auf die Bretter zu stehen und eine Abfahrt zu geniessen – wie früher. Auch Juan Carlos will auf die Piste, also mieten wir für ihn ein Snowboard, für Janett haben wir noch die gemieteten Skier vom Vortag und für mich gibt es ebenfalls eine Ausrüstung für einen Tag.

Das Wetter zeigt sich von der besten Seite. Nach einer ersten Rundum-Aussicht vom Piz Nair aus fahren wir gemeinsam wieder bis Corviglia, wo wir auf einer der grossen Sonnenterrassen Doña Tere platzieren – gut eingepackt in warme Decken und einem »Kafi Schnaps«, zum Wärmen von innen. Ich freue mich auf eine lange Abfahrt. Juan Carlos bleibt mit Janett rund um die Mittelstation, da es doch anspruchsvoller ist, als sie es sich vorgestellt hatte. Und er stand offensichtlich schon lange nicht mehr auf dem Board.

So fügt sich das gerade gut, dass ich als wohl geübteste Fahrerin mit dem Sessellift hochfahren und sicher eine halbe Stunde mit mir alleine die wunderschöne Bergwelt geniessen kann. Ich friere – wie immer, wenn es unter 20 Grad Celsius ist – und schmunzle über meine total skiuntaugliche Ausrüstung: Jeans, Pulli, darüber mein grauer Wollmantel, Schal, Mütze, Lederhandschuhe. Egal! Ich freue mich, nach viel zu langer Zeit wieder die ersten Kurven im herrlichen Schnee, der nicht zu hart aber auch nicht zu weich ist, fahren zu können. Der Wind pfeift mir kalt um die Ohren, während ich immer mutiger die Skier laufen lasse und in regelmässigen Schwüngen den von Kindsbeinen an erlernten Rhythmus wiederfinde. Das macht Spass! Mit einem breiten Grinsen im Gesicht treffe ich wieder auf meine Begleiter.

Auf der Rückfahrt verrät mir dann Doña Tere, dass sie liebend gerne selber auf Skiern gestanden wäre und das hätte ausprobieren wollen. Ich fühle mich ungenügend – ich wollte ihr doch eine Freude machen! Es ist mir offenbar nicht gelungen, ihre Wünsche zu erkennen und ihr dies zu ermöglichen.

Kaum zurück in Zürich erreicht uns eine traurige Nachricht. Doña Teres Vater, den wir noch an Weihnachten in San Miguel de Allende besucht hatten, ist gestorben.

Die Schwester von Doña Tere, bei welcher die Eltern wohnen, hat uns eine Nachricht auf den Anrufbeantworter gesprochen, wir sollten uns dringend melden. Doña Tere laufen die Tränen über die Wangen, ihr Blick drückt all die Trauer aus, die sie empfindet. Wir trösten sie, so gut wir können. Sie überlegt, sofort zurückzufliegen. Wir finden keinen Flug innerhalb der nächsten 24 Stunden, sie würde es also nicht auf die Beerdigung schaffen.

Ihre Schwester stimmt sie um: Sie solle doch jetzt bei uns bleiben. Sie habe sich doch gefreut auf diese drei Monate, um die Schweiz, die Berge, den Schnee und vielleicht sogar ein wenig Europa kennen zu lernen. So beschliesst Doña Tere, bei uns zu bleiben. Das Grab wird sie nach ihrer Rückkehr aufsuchen und sich dann von ihrem Vater verabschieden.

Das Mindeste, was ich tun kann ist, sie in einen Gottesdienst einer Kirche der Pfingstgemeinde zu bringen. In Mexiko gehört sie der Gemeinde ihres Dorfes an und besucht den Gottesdienst jeden Sonntag. Ich erinnere mich, dass die Frau meiner letzten unmöglichen Beziehung der Pfingstgemeinde angehört und diese sich jeweils am Sonntag um fünf Uhr nachmittags im Bucheggplatz trifft, um den Gottesdienst für alle Latinos in Spanisch abzuhalten.

Doña Tere ist überwältigt von der Grösse der Gemeinde, dem Gebäude, der perfekten Organisation. In Alpuyeca sei halt alles viel schlichter, einfacher, improvisierter. Nur ein nie fertig erstelltes Gebäude hätten sie zur Verfügung. Ich sähe das dann, wenn ich sie begleiten werde, wenn wir dann erst mal in Mexiko leben werden. Damit habe ich ihr definitiv einen weiteren Wunsch erfüllt.

Die Schule hat wieder angefangen, wir gehen alle unseren Beschäftigungen nach: Juan Carlos hat durch einen Kollegen einen befristeten Job als Küchenhilfe gefunden. Wenigstens für einen Monat ist er jeweils am Vormittag beschäftigt. Doña Tere macht sich indes zuhause nützlich – sie putzt und kocht vom Feinsten. Sie sagt, dies sei was sie zum Allgemeinwohl beitragen könne. Ich frage mich, warum ihr gesunder und feiner Charakter nicht auf ihren Sohn überschwappen konnte. Wir gehen selten aus, dafür leisten wir uns die feinen, direkt aus Mexiko importierten Lebensmittel, die im Laden »el Maíz« hinter dem Hauptbahnhof an der Josefstrasse verkauft werden.

Wir besuchen meine Mutter und meine Schwester und deren Familie oder aber wir laden meine Mutter und meine Geschwister mit ihren Familien zu uns ein. Alle lernen Doña Tere kennen und ihre gutmütige und liebenswürdige Art schätzen. Dass sie weder Englisch noch Deutsch spricht und meine Familie der spanischen Sprache nicht mächtig ist, spielt dabei keine Rolle – sie verständigen sich mit Händen und Füssen, lesen die Botschaften aus den Augen und fühlen die Essenz mit dem Herz. Und wenn nötig, leisten Juan Carlos und ich Übersetzungsarbeit.

Die Zeit vergeht wie im Fluge. Die Frühlingsferien stehen vor der Türe und bieten sich an, einen weiteren Wunsch von Doña Tere zu verwirklichen. Sie erinnert sich, dass im Wohnzimmer ihrer Eltern ein schon ziemlich verbleichtes Bild von Venedig hing. Sie wurde als Kind nicht müde, die Rialto-Brücke mit den Gondeln davor zu betrachten und zu träumen: Falls sie jemals nach Europa reisen werde, würde sie dies sehen wollen.

Wir buchen zwei Zimmer in einem schönen Hotel für zwei Nächte, die Reise nach Venedig bestreiten wir mit dem Auto. Es ist nicht nur kostengünstiger, die Fahrt durch die Schweiz über die Nord-Süd-Achse und die Weiterfahrt von Mailand durch die Po-Ebene bis vor Venedig liefern Doña Tere auch nochmals bildliche Erinnerungen an die Berge und die Italianità.

Wir lassen es uns gut gehen, flanieren durch die autofreie Wasserstadt, essen in feinen Restaurants auswärts, machen eine sündhaft teure Gondelfahrt, kaufen Souvenirs. Mir wird schwindlig, wenn ich an die Abrechnung denke. Aber egal, Doña Tere soll ihr Venedig in vollen Zügen geniessen können.

Ich fühle mich unwohl, gehe früh ins Hotelzimmer. Juan Carlos beschliesst, mit Janett das Nachtleben zu erkunden. Ich kann nichts sagen, ich überlasse das nun Doña Tere. Sie würde ihrem Sohn nie vorschreiben, was er tun und lassen soll. Aber sie mahnt ihn, an seine bald 14-jährige Tochter zu denken. Würde es mir besser gehen, hätte ich eine böse Vorahnung.

Ich schlafe schlecht. Irgendwann, der Morgen dämmert bereits, hämmert es an die Zimmertüre. Verladen bittet Juan Carlos vehement und ungeduldig Einlass. Ich öffne ihm und raste aus. Ich schreie ihn an und will wissen, wo er war, weshalb so lange, ob er eigentlich auch mal an mich denke. Er schreit zurück, er dürfe doch wohl mit seiner Tochter so lange in den angesagtesten Clubs der Stadt herumhängen, wie er wolle. Und es sei wohl besser gewesen, dass er mit seiner hübschen Tochter und nicht mit mir dort gewesen sei. Ich schreie einfach nur noch, zutiefst verletzt und hasserfüllt.

Da klingelt das Telefon: der Hotelmanager bittet uns um sofortige Ruhe, andere Gäste hätten sich beschwert. Wir sollen uns beruhigen. Juan Carlos legt auf. Ich schluchze in das Kissen. Er wäscht sich das Gesicht, zieht sich ein neues T-Shirt an und verlässt den Raum. Ich stelle mich unter die Dusche und probiere mich zu beruhigen.

Ich mache mich bereit und begebe mich in den Frühstücksraum. Dort sitzt Juan Carlos mit seiner Tochter an einem Zweiertisch. Ich frage die beiden, ob wir uns nicht alle an einen Vierertisch setzen wollen. Juan Carlos schaut mich feindselig an und sagt, sie beide hätten eben fertig gegessen. Ein Angestellter kommt und ermahnt uns zu Bedacht. Alle Mitarbeitenden im Hotel scheinen zu wissen, dass wir die beiden Streithähne sind.

Beschämt setze ich mich dennoch an einen Vierertisch, kurz darauf kommt Doña Tere hinzu. Ich zwinge mich, wenigstens eines der feinen cornetti – eine Art Brioche –zusammen mit dem köstlichen Espresso zu mir zu nehmen.

Wortkarg geht es ans Packen: viel ist es ja nicht, bei Doña Tere und Janett sind es viele Souvenirs als Mitbringsel für die Liebsten in Mexiko.

Beim Auschecken erlebe ich in eine weitere unangenehme Situation. Ich will mit der Karte bezahlen, doch der Saldo wird als zu klein angezeigt. Meine ohnehin schon aufs Äusserste strapazierte Fassung droht auf der Stelle in einem Nervenzusammenbruch zu enden.

Wenn Blicke töten könnten – ich erschrecke über meine Gefühle, von deren Existenz ich bisher keine Ahnung hatte. Tausend Fragen schiessen mir gleichzeitig durch den Kopf und lassen mich keinen vernünftigen, klaren Gedanken fassen. Was hat dieser Mann an meiner Seite letzte Nacht alles mit der Partnerkarte, die in seinem Besitz ist, bezahlt? Gemäss meiner Budgetierung wäre es genau aufgegangen, mit einem kleinen Sicherheitsgroschen auf der Seite für Unvorhergesehenes.

Jetzt muss ich rumtelefonieren, Banken für einen Zusatzkredit anfragen, Teilbeträge bezahlen, eine Rechnung verlangen, Sicherheiten abgeben. Der Hotelmanager tut dies natürlich mit dem vollen Vertrauen in mich, nachdem wir letzte Nacht wegen Ruhestörung in diesem Hotel abgemahnt wurden.

Innerlich erloschen versuche ich, gegen aussen die Haltung zu wahren und diese unangenehme Situation so professionell wie möglich hinter mich zu bringen.

Während der Fahrt durch Italien bis vor den Gotthardtunnel sitzt Juan Carlos am Steuer, danach ich. Ein Sekundenschlaf irgendwo zwischen Hergiswil und Luzern lässt mich auf die brutalste Art aufschrecken. Es ist nichts passiert, alle meine Passagiere schlafen tief und fest.

Ich will die Fracht nur noch heil nach Hause bringen – und endlich schlafen.

Meine Periode ist überfällig, es ist April 2003. Vor einem Jahr habe ich die Pille bewusst abgesetzt: wir wollen ja eine Familie gründen. Ob ich wohl...? Könnte es sein, dass ich mich deshalb in Venedig so unwohl fühlte? Und meine unkontrollierten Gefühlsausbrüche... Klar doch, ich muss wohl schwanger sein!

Ich kaufe einen Schwangerschaftstest – und erinnere mich an die Zeit im Gymnasium, als ich meiner damaligen Freundin beistand, als sie mit 15 Jahren einen solchen Test machte. Wir schlossen uns im WC ein und warteten, bis im Sichtfenster der Balken erschien: negativ – Gott sei Dank!

Ich bin extra früher nach Hause gefahren, denn ich weiss, dass Doña Tere mit Janett in der Stadt unterwegs ist. Juan Carlos ist sicherlich mit seinen Freunden irgendwo an der Frühlingssonne. Ich bin wirklich aufgeregt und warte, bei uns zuhause auf dem Klodeckel sitzend, bis sich das Ergebnis zeigt: positiv.

Ich freue mich unbeschreiblich, habe gleichzeitig grosse Angst. Meine ganze momentane Lebenssituation ist unwichtig – alles wirkt wie auf den Kopf gestellt.

Ich bin so froh, dass Juan Carlos doch am Nachmittag kurz nach Hause kommt, um sich für den Abend bereit zu machen. Ich bitte ihn ins Badezimmer, wo ich ihm den Schwangerschaftstest zeige. Er nimmt mich in die Arme, hebt mich hoch, dreht sich mit mir im Kreis, lacht laut, lässt mich wieder runter und küsst mich innig. Seine Augen strahlen vor Freude: »Ich wusste es. Jetzt kommt alles gut. Wir werden eine so schöne Familie sein. Du machst mich zum glücklichsten Mann dieser Welt!«

Auch Doña Tere und Janett werden gleich informiert – sie freuen sich genauso mit uns.

Meinen Job in der Schule Leimbach habe ich bereits Ende März termingerecht gekündigt. Mein ganzes Lehrerkollegium weiss seit meinem Stellenantritt, dass ich mich nur dafür verpflichtet hatte, den Klassenzug bis Ende 6. Klasse zu unterrichten, und dass ich zusammen mit Juan Carlos im Sommer nach Mexiko auswandern werde.

Da ich mich nun in anderen Umständen befinde, drängt mich mein Pflichtbewusstsein dazu, den Direktor des Colegio Suizo in Cuernavaca per Mail darüber zu informieren und ihm zu versichern, dass ich dennoch bis zur im November erwarteten Niederkunft zur Verfügung stünde. Ob er mir trotzdem einen Job anbieten könne?

Die Antwort lässt nicht lange auf sich warten. Der Direktor bedankt sich für die Offenheit, welche er sehr schätze. Und ja, er hätte da tatsächlich ein Angebot, das sich aus verschiedenen Einzellektionen für verschiedene Altersstufen zusammensetzen würde. Ich solle mich doch nach meiner Ankunft in Mexiko melden, ob ich ernsthaft daran interessiert sei. Und, er gratuliere herzlich und wünsche mir und dem ungeborenen Bébé gute Gesundheit.

Eine Woche vor Doña Teres Rückreise nach Mexiko stürze ich beim Aussteigen aus der Badewanne und schlage mit dem Kinn auf die Abstellfläche für Duschmittel etc. auf, und zwar genau auf die Kante, wo die Fliesen enden. Ich fluche und merke, dass ich blute. Doña Tere fragt mich, ob alles okay sei. Ich sage nur: »Estoy sangrando.«

Nur ein paar Sekunden später steht sie im Badezimmer – ich splitternackt vor ihr. Sie entschuldigt sich und sagt, sie hätte gemeint, es sei etwas mit dem Kind. Mit einem Blick erkennt sie die Lage, bittet mich um Desinfektionsmittel und Pflaster. Sie verarztet mich gekonnt und klebt die klaffende Fleischwunde professionell zu. Mir ist schwindlig und schlecht. Sie schickt mich ins Bett, macht mir einen Tee und heisst mich, auszuruhen. Was hätte ich bloss ohne Doña Tere gemacht?

Doña Tere wird einfach nichts erspart. Nach allem, was sie mit uns in den vergangenen drei Monaten erlebt und mich als Partnerin ihres Sohnes in den unterschiedlichsten Situationen kennen gelernt hat, wähnt sie ihren Sohn in guten Händen. Insbesondere, da ich schwanger bin und ihr elftes Enkelkind zur Welt bringen werde – und das erst noch im Mexiko. Sie schätzt dies als gute Ausgangslage ein, auch Juan Carlos werde dann ruhiger sein.

Jedes einzelne ihrer Wörter nehme ich auf in mein Herz und hüte es als sicheren Wert. Sie muss es ja wissen – als seine Mutter. Wir geniessen den letzten Abend, Juan Carlos muss noch schnell einen Freund treffen um etwas zu regeln. Nicht so spät wie sonst in solchen Situationen kommt er zurück, aber stockverladen.

Nie hätte ich es für möglich gehalten, dass er es wagen würde, auch vor seiner Mutter auszuticken. Ich begebe mich in den »Auffangmodus«: ich will mich von seinen verbalen Attacken nicht provozieren lassen, will selber nicht aufbrausen um Schlimmeres zu verhindern, einfach sanft bleiben und nicht darauf eingehen. Schliesslich habe ich nun auch ein Kind zu schützen.

Also trifft er mich mit der schlimmsten Waffe: er verkündet, dass er mich verlassen werde. Es hätte alles gar keinen Sinn mit mir. Er würde seine Sachen packen und gehen. Ich flehe ihn an, es sich anders zu überlegen. Er solle an unser Kind denken. Er solle mir doch sagen, was ich anders machen solle, damit er sich wohl fühle. Mit gefühllosem Blick packt er wahllos ein paar Kleidungsstücke in seine Tasche und verschwindet in der schwarzen Nacht. Ich weine bitterlich.

Doña Tere mahnt mich, das Ungeborene nicht mit Trauer und Tränen zu belasten. Ich müsse jetzt stark sein. Ich will von ihr wissen, wie sie denn jetzt über ihren Sohn denke. Sie sei ebenfalls schockiert, und es sei vermutlich wirklich an der Zeit, mir zu überlegen, ob ich meine

Pläne mit der Auswanderung nach Mexiko tatsächlich weiterverfolgen wolle. Noch sei nichts zu spät. Ich könne gut ein Kind alleine grossziehen – und hier in der Schweiz erst recht. Dies sei doch meine Heimat, hier würde ich Unterstützung vom Staat kriegen.

Nicht wie in ihrem Fall, als der Vater ihrer Kinder ihr eines Tages aus dem Nichts eröffnete, er würde sie verlassen. Hier hätte sie noch das Haushaltsgeld für die nächste Woche, danach sei fertig. Ihre Kinder waren damals fünf, drei und ein Jahr alt. Sie hat stets gearbeitet und ihre Kinder alleine grossgezogen.

Sie ist definitiv eine Kriegerin, sie hat meine Hochachtung. Ich zittere, schnappe mir eine Zigarette – was ich seit dem Wissen um die Schwangerschaft nie mehr getan habe – und setze mich vor der Haustüre auf die kurze Treppe vor dem Innenhof. Ich ziehe am Glimmstängel, mir wird schwindlig.

In meinem Kopf jagen sich Bilder, Wortfetzen, in Text übersetzte Gefühle. Ich kann keinen klaren Gedanken fassen. Ich blicke in den nachtschwarzen Himmel hoch – es ist sternenklar. Was soll ich bloss tun?

11. Demasiado tarde – Vorbereitungen

Die folgenden knapp drei Monate sind geprägt von typischen Aktivitäten vor einer Auswanderung. Die Flugtickets werden organisiert – one-way-Tickets.

Der gesamte Hausrat soll per Schiff mit einem Container nach Mexiko verfrachtet werden. Schliesslich können wir dann damit unser Haus, dessen Bau sofort nach unserer Ankunft angedacht ist, bestücken. Das ist bestimmt nicht die dümmste Idee. Wir können unser Heim später immer noch nach unseren Wünschen mit den typisch mexikanischen Möbeln stilvoll einrichten. Ich befasse mich erstmals mit einer solchen Angelegenheit und führe die Verhandlungen mit der Firma.

Ich kündige die Wohnung auf Ende Juli 2003, muss noch einen Nachmieter suchen.

In der Zwischenzeit hat Juan Carlos ein neues Hobby entdeckt: er verkauft Kleider auf dem Flohmarkt. Woher er diese Kleider habe? Von Freunden. Sein grosser Bekanntenkreis verschafft ihm immer wieder neue Ware, die er jeden Samstag vor dem Schulhaus Kanzlei feilbietet. Seine Beziehungen gehen so weit, dass wir an einem Sonntag sogar bis nach Burgdorf fahren, um die gesamte Garderobe eines Mexikaners, der Hals über Kopf die Schweiz verlassen hat, abzuholen. Diese gute Ware erstklassiger Qualität wird erst von Juan Carlos systematisch durchgekämmt – die besten Stücke behält er für sich selber.

Ich habe ja grundsätzlich nichts dagegen, wenn er sich um ein Nebeneinkommen bemüht. Wir können jeden Franken gebrauchen, denn die Verschiffung des Containers ist eine kostspielige Sache. Er hat aber andere Pläne und investiert das Geld sofort wieder. So werden bei uns auf dem Gartensitzplatz diverse Landwirtschaftsgeräte, darunter auch ein Handtraktor, und unzähliges Werkzeug deponiert, welche darauf warten, verfrachtet zu werden. Na gut, Platz dafür wird es im sechs Meter langen Container wohl haben.

Weitere aussergewöhnliche Anschaffungen werden getätigt, die dann aber doch mit meiner Bankkarte bezahlt werden. Im Hauptner, einem Fachgeschäft für Hof und Stall in Dübendorf, wird das nötige Zubehör wie Ohrmarkierungen, Kälbersauger etc. für die Viehzucht, aber auch neues schönes Zaumzeug für das zukünftige Pferd gekauft. Für die angedachte Hühneraufzucht wird ein Brutkasten extra bestellt. Darauf freue tatsächlich auch ich mich.

Doña Teres Worte holen mich immer wieder ein, wie auch meine eigenen Zweifel. Ende Juni gehe ich über die Bücher, stelle die Tatsachen meinen Träumen gegenüber, ringe mit mir selber, wäge das »für« und »wider« gegeneinander ab und rede mir schliesslich so lange erfolgreich ein, dass in Mexiko dann alles gut werde, dass ich nur noch dieses Ziel im Fokus habe und stur verfolge.

Massgeblich beeinflusst mich auch meine Denkweise – und vielleicht auch ein wenig mein Sternzeichen: Entscheidungen werden nicht einfach umgestossen und Meinungen werden nicht einfach geändert, bloss, weil es mal schwierig wird. Ich denke, ich müsse es durchziehen, ich könne nicht zurück.

Es wäre ja beschämend, dem Direktor im Colegio Suizo abzusagen, den ganzen Containertransport zu annullieren, bei der Liegenschaftsverwaltung die Kündigung rückgängig zu machen, die Kreisschulpflege anzufragen, ob sie mir vielleicht doch noch einen Job auf das neue Schuljahr hätten… Und dann meine Familie: Was würde ich ihnen denn bloss sagen? Ich stünde ja wie die volle Versagerin da! Und dann noch alleine mit einem unehelichen Kind… Damit sind unsere Weichen gestellt.

Wir sind eingeladen an eine Party von Freunden von Juan Carlos – ja, auch ich darf mitkommen. Eine willkommene Abwechslung! Und für uns die Gelegenheit, uns von den Latinos hier in der Schweiz zu verabschieden. Ich muss ehrlich gestehen, ich bin nicht unglücklich darüber…

Ich bin die einzige, die natürlich keinen Alkohol trinkt. Juan Carlos weicht nicht von meiner Seite, während ich mich in den Räumen der grosszügigen Altbauwohnung an der Neptunstrasse bewege. Ich stosse mit allen an. Viele fragen mich, warum ich denn so ernst sei? Ich solle mich doch freuen, das sei doch ein wunderschönes Ereignis!

»Selbstverständlich«, höre ich Juan Carlos sagen, seine eine Hand die ganze Zeit auf meinem leicht gewölbten Bauch ruhend. Wenn die wüssten...!

Ich antworte, es sei eben eine grosse Verantwortung, ein Kind.

In der Schule ist Endphase: die Schulkinder sind entspannt da sie wissen, wie es für sie nach den Sommerferien weitergeht – die letzten Wochen werden genossen. Sie wissen, dass wir nach Mexiko auswandern werden und ich mein erstes Kind erwarte. Eltern und Kinder haben extra eine Abschiedsfeier im Gemeinschaftszentrum Leimbach organisiert. Es ist schön, mit ihnen zusammen zu essen und trinken, nochmals mit den Müttern und Vätern zu sprechen. Die Wäscheleine mit den süssen Babykleidchen und Bébé-Artikeln rührt mich natürlich zu Tränen.

Bei einem der Kontrollbesuche beim Arzt begleitet mich Juan Carlos. Für ihn ist das ja nichts Neues, er hat ja schon zwei Kinder. Dennoch, als dank dem Ultraschall unser heranwachsendes Kind auf dem Bildschirm sichtbar wird, zaubert ihm dies doch ein schönes Lächeln auf das Gesicht. Es werde sicher ein Junge, er hätte schon den Namen.

Ich weiss, dass sowohl Familie als auch Arbeitskolleginnen den Kopf schütteln – darüber, dass ich mich dennoch für das Abenteuer Mexiko entschieden habe. Eine grosse Mehrheit meiner Freunde weiss gar nichts davon; ich habe mich ja kaum noch um den Kontakt mit ihnen bemüht.

Mein von mir so geliebtes Auto wird von Juan Carlos an einen zwielichtigen Händler zu einem Spottpreis verhökert. Irgendwie mag mich das – zumal Juan Carlos im Anschluss daran beim Beladen des Containers feststellen muss, dass es doch noch genug Platz gehabt hätte und wir das Auto ohne Probleme hätten mitnehmen können... Ich kann mich einfach nicht um alles kümmern, ich muss auf mich und mein Kind achten.

Eine Woche vor unserer Abreise wird der riesige Container im Hof der Wohnsiedlung abgestellt. Im Jahrhundertsommer packen wir all unser Hab und Gut in diesen riesengrossen Behälter. Ich putze meine kleine Wohnung auf den Abgabetermin hin blitzsauber – und verabschiede mich von den in diesen vier Wänden erlebten, turbulenten Zeiten. Ich melde mich auf dem Kreisbüro ab – ein komisches Gefühl, dieser Eintrag »Wegzug ins Ausland«, der mich für ein paar Tage als nirgends registrierte Person auf dem Erdenball wandeln lässt. Die Adresse meiner Mutter gebe ich als Kontaktstelle an – für unvorhergesehene Fälle, man weiss ja nie.

Zwei Tage vor unserem Abflug wird der Container von der Logistikfirma abgeholt, einen Tag später findet die Wohnungsübergabe im Beisein des Nachmieters statt. Unsere letzte Nacht in der Schweiz dürfen wir bei meiner Mutter verbringen.

Meine Familie begleitet uns an den Flughafen – der Abschied fällt mir nicht leicht.

Wir reisen zu fünft. Juan Carlos hat in letzter Minute ein Ticket für seinen Sohn gekauft, dessen Mutter die Erlaubnis gegeben hätte.

Als ich von dieser Idee im Vorfeld mitbekam, liess ich ihn wissen, dass er das selber mit der Mutter klären müsse und ich die Verantwortung für seinen Sohn nicht mittragen könne. Ich mag nicht hinterfragen und noch weniger mich aufregen.

Ich spüre wie mein Kind im Bauch zappelt. Wir lassen die Passkontrolle hinter uns. Ein letztes Winken in Richtung meiner Familie.

Wir besteigen das Flugzeug.

TEIL ZWEI: MÉXICO

México lindo – wir kommen!

1. Primeros días – Ankunft

Mit dem erlaubten Maximum an Anzahl und Gewicht der Gepäckstücke landen wir in meiner neuen Heimat. Im Handgepäck hat Juan Carlos sogar die drei afrikanischen Schnecken, die wir vergangenen Herbst von einer Kollegin erhalten haben, durch den Zoll geschmuggelt. Die Familie freut sich sichtlich, uns nun für immer hier zu wissen. Insbesondere die Präsenz von Juan Carlos' Sohn scheint die Gemüter zu erheitern. Janett kehrt sofort zurück zu ihrer Mutter und deren Familie, was ich nur zu gut verstehe. Ich bin darüber auch froh, kann ich mich doch so besser auf meinen Neustart hier konzentrieren.

In den drei Wochen, die mir bis zum Schulstart nach den Sommerferien bleiben, sind wir mit drei mir bis zu diesem Tag unbekannten Themen beschäftigt: Wie kommt ein Schiffscontainer von der Hafenstadt in ein Indiodorf? Mein erster Gefängnisbesuch. Anschuldigungen der Beihilfe zu Kindsentführung!

Ich bin noch sehr mit der Abwicklung der Containerlieferung beschäftigt. Zu meinem Erstaunen müssen wir diesen erst in Veracruz »loslösen«. Flexibel wie wir sind machen wir uns zusammen mit Doña Tere, Don Victor und Juan Carlos' Sohn im stets zuverlässigen Auto von Doña Tere auf. Ach ja, unsere eben neu erworbene Hündin, eine mastino napoletano, quetscht sich ebenfalls in den Opel.

Die Fahrt durch Gegenden, deren Schönheit mich faszinieren, führt uns dank der fehlenden Strassenkarte fast bis nach Oaxaca, wo uns das tropische Klima beinahe erdrückt. Auf Umwegen passieren wir die

Ausläufer der Gebirgskette Sierra Madre Oriental, wo uns ein kalter Wind entgegen bläst. Nach stundenlanger Irrfahrt mit diversen Pausen – sei es für Erbrechen des Kleinen, Notdurft des Hundes oder einfach nur Nahrungsbeschaffung – erreichen wir schliesslich erschöpft und ziemlich entnervt unser Ziel.

Als dann beim Aussteigen Juan Carlos' Sohn dem Vater nicht gehorcht und ihm widerspricht, versohlt letzterer dessen Hintern. Gezeichnet von den Reisestrapazen und von solch ungeheuerlichen Szenen versuche ich, Juan Carlos zur Vernunft zu bringen. Der Sohn hört nicht auf zu widersprechen, der Vater schlägt weiter zu. Der Sohn schreit und gibt schliesslich schluchzend klein bei. Erst jetzt lässt Juan Carlos von weiteren Züchtigungen ab und meint nur, er müsse diesen starken Willen seines Sohnes brechen, sonst würde dieser ihm später keinen Respekt zollen. Doña Tere pflichtet ihm traurig bei, Don Victor schüttelt nur schweigend den Kopf.

Ich gehe wortlos zur Seite. Ich muss tief durchatmen. Eine ähnliche Szene habe ich schon in der Schweiz erlebt. Ich frage mich, ob Juan Carlos es wohl nie auf andere Weise schaffen werde – und denke an mein Kind im Bauch.

Danach machen wir uns zu dieser Agentur auf, um die nötigen Schritte für die Loslösung des Containers in die Wege zu leiten. Und da lerne ich eine weitere Lektion in Mexicanitá: Wir werden von einem Büro zum nächsten geschickt, niemand ist zuständig…

Ein ehrgeiziger, skrupelloser, besonders gewiefter Geschäftsmann lässt uns dann wissen, dass wir nochmals 10'000 US-Dollar zu bezahlen hätten, damit der Container den Zoll passieren und uns nach Alpuyeca geliefert werden könne. Ich verliere die Geduld und zeige dem Herrn erneut alle Papiere, die bezeugen, dass der gesamte Transport finanziell bereits beglichen ist. Ohne einen Blick darauf zu werfen weist der

Mann Juan Carlos mit einem falschen Lächeln zurecht: »Wenn deine Frau ihr Hab und Gut wiedersehen will, sollte sie besser unseren Vorschriften Folge leisten.«

Ich kann es kaum fassen! Ich werde sicher nicht nochmals bezahlen! Die fortgeschrittene Uhrzeit zwingt uns, für heute abzubrechen. Dem ganzen unerfreulichen Verlauf zum Trotz machen wir uns auf an den Strand, wo wir uns ein schönes Abendessen mit Blick auf den Sonnenuntergang gönnen.

Sonst kriege ich nichts von dieser charmanten, aber auch etwas heruntergekommenen Hafenstadt zu sehen. Ausser natürlich noch das Hotelzimmer, das ich mir mit Doña Tere und Juan Carlos' Sohn teile. Juan Carlos muss natürlich in den gleich neben dem Hotel gelegenen Club gehen. Vom Hotelzimmer aus sehe ich direkt auf diesen pyramidenförmigen Bau, der mich sofort an den Film «from dusk till dawn» erinnert. Wie viele Salma Hayeks dort drin wohl den Männern den Kopf verdrehen mit ihren Rum-Spielchen?

Tags darauf verfluche ich still einmal mehr das fehlende Organisationstalent von Juan Carlos. Es ist Samstag, keines der Büros ist heute offen, sodass wir erneut hätten versuchen können, mit Druck unseren Container loszulösen. Also treten wir unverrichteter Dinge unsere Rückfahrt an.

Eine Woche später reist Juan Carlos mit einem Kumpel erneut nach Veracruz. Sie schaffen es, den Container gegen ein Schmiergeld von 1'000 US-Dollar loszulösen und machen am Hafen eine böse Entdeckung: Die Versiegelung wurde aufgebrochen, es wurden diverse Geräte und Maschinen entwendet.

Ein paar Tage später – ich habe meine Arbeit am Colegio Suizo de México bereits aufgenommen – wird der Container nach Alpuyeca transportiert und muss gleich ausgeräumt werden. Aufgrund fehlenden Stauraums wird mein ganzes Hab und Gut erst mal draussen hingestellt. Was in Doña Tere's Haus gebraucht werden kann, wird sofort hineingetragen und findet seinen Platz. Andere Dinge können bei einem Kumpel in dessen leeren Garage eingestellt werden, natürlich nur gegen eine überrissene Platzmiete. Mein in die Einzelteile zerlegter Kleiderschrank wie auch weitere Möbel verrotten, draussen an die Hausmauer angelehnt, bei nachfolgenden Regenschauern.

Etwa eine Woche bevor ich meine Arbeit am Colegio Suizo aufnehme, fahren wir zum Gefängnis, welches sich etwa zehn Autofahrtminuten ausserhalb von Alpuyeca befindet, um Juan Carlos' besten Freund Miguel abzuholen.

Vor den Sicherheitsschranken treffen wir Miguels Eltern: Der Vater, seines Zeichens achtfacher Mörder, sass jahrelang im Knast und kam nur wieder auf freien Fuss, weil er während der ganzen Zeit das psychisch kranke, nicht zurechnungsfähige Opfer spielte. Ich schlucke leer. Die Mutter, beleibt und herzlich, nimmt mich sofort in ihre Arme und küsst mich auf die Wange. Ganz nach schweizerischer Manier will ich ihr zwei weitere Küsschen aufdrücken, halte aber gleich inne. Sie meint: »Querída, hier gibt man sich nur einen Kuss, der kommt dafür von Herzen.« Das macht sie mir sympathisch.

Nach langem Warten öffnet sich die schwere Tür, Miguel tritt strahlend heraus, erledigt die letzten Formalitäten, passiert die Sicherheitsschranke und ist wieder ein freier Mann. Erst umarmt er seine Mutter innig, dann seinen Vater, der seinen Sohn freigekauft hat. Er wendet sich lachend uns zu, umarmt seinen besten Freund, dann dessen Sohn und schliesslich mich. Er betrachtet meinen gewölbten Bauch und beglückwünscht uns von Herzen. Ich mag ihn einfach, diesen Miguel.

Was ich erst nur am Rande mitbekomme und worin ich mich auch weiterhin nicht involviere, ist die Tatsache, dass die Mutter von Juan Carlos' Sohn völlig aufgebracht und aufgelöst ihren Sohn sucht.

Das glaube ich doch einfach nicht: Er hat mich angelogen! Und er bringt mich dadurch in eine absolut unnötige Stresssituation! Auch meine Mutter wurde telefonisch kontaktiert, ob sie wisse, wo ich sei. Ich sei nach Mexiko ausgewandert.

Natürlich kommt die Kindsmutter so schnell als möglich nach Mexiko. Wie ich höre, hat sie sich zusammen mit einer ihrer Freundinnen in Cuernavaca in einem Hotel niedergelassen und versucht via Behörde Juan Carlos zu kontaktieren.

Kurz nach der Aufnahme meiner Arbeitstätigkeit an der Schweizerschule in Cuernavaca werde ich vom Direktor ins Büro gebeten und auf diese Angelegenheit angesprochen: er hätte einen Anruf gekriegt, ich werde der Beihilfe zur Kindsentführung bezichtigt. Was ich dazu zu sagen hätte?

Ich fühle, wie ein schwerer Kloss dumpf in meinem Magen aufschlägt und ich mein Gleichgewicht zu verlieren scheine. Mir wird schwindlig, ich muss mich setzen. Ich antworte: »Ich weiss davon nichts. Damit habe ich nichts zu tun. Die Absprachen wurden zwischen Juan Carlos und der Kindsmutter ohne mein Wissen getroffen.«

Er wolle den guten Ruf der Schule nicht durch eine solch unschöne Geschichte besudeln, ich solle mich kooperativ zeigen. Ich teile dem Direktor mit, dass unsere Wohnadresse offiziell bekannt ist und ich niemanden decke. Sowohl die Kindsmutter als auch die Behörden können Juan Carlos vor Ort aufsuchen und die Angelegenheit mit ihm direkt klären.

An diesem Tag komme ich völlig aufgelöst nach Alpuyeca zurück und beschwöre Juan Carlos, dass ich diese stressige und ungesunde Situation weder mir noch meinem ungeborenen Kind anzutun bereit sei.

Was ich eben in der Schule über mich ergehen lassen musste, sei das Hinterletzte und mir gegenüber einfach nur unfair! Er dürfe mich da nicht mit hineinziehen und müsse für seine Taten selber geradestehen.

Doña Tere mahnt ihren Sohn zur Milde, erinnert ihn daran, dass er mit mir eine neue Familie gründet und wir bald ein gemeinsames Kind haben werden. Er solle doch an die Kindsmutter denken: von der Liebe, die sie und ihn einst verband, habe sie nur noch ihren Sohn. Irgendwie schafft sie es, ihn umzustimmen.

Sie ist als Vermittlerin auch dabei bei der Übergabe des Sohnes an die erleichterte Mutter, welche noch gleichentags nach México D.F. weiterreist um in die Schweiz zurückzufliegen.

Eine solch monströse Episode hinterlässt psychische und physische Spuren. Mein armes, heranwachsendes Kind! Ich kann mich überhaupt nicht darauf konzentrieren und ihm und mir gut schauen.

Ich fühle mich erschöpft, alleine gelassen, falsch behandelt – irgendwie ein missratener Start in mein neues Leben.

2. Tranquilización – Alltag

Erst jetzt, wo ich wirklich in Alpuyeca lebe und bereits auf eindrückliche Weise erlebt habe, wie sich Doña Tere für mich einsetzt, komme ich ihrer Aufforderung nach, sie zu duzen und nicht mehr mit Doña anzusprechen.

Ich bin froh, dass ich diesen Job im Colegio Suizo erhalten habe. Gearbeitet habe ich schon immer gerne. Dies wird auch weiterhin so sein. Zudem bin ich gerne unabhängig. Auch das soll so bleiben. Jetzt, wo wir in Juan Carlos' Land sind, gibt es mir das Gefühl, mich nützlich zu machen und etwas zum nötigen Verdienst für den Lebensunterhalt beizutragen. Und, was ich nie als Grund in Erwägung gezogen hätte: Es lenkt mich ab, gibt mir einen geregelten Tagesablauf und Halt. Ich nehme also dreimal pro Woche den eineinhalbstündigen Weg nach Cuernavaca mit dem Bus auf mich – im siebten Monat schwanger.

Das zu bewältigende Pensum ist bunt zusammengewürfelt: Ich unterrichte Kinder in den Stufen pre-primaria bis secundaria, die Fächer reichen von Deutsch-Stützunterricht über Gestalten bis Geometrie. Ich lerne das je zur Hälfte aus der Schweiz und aus Mexiko stammende Lehrerkollegium rund um den Schweizer Direktor schnell kennen und schätzen. Wie ich ein paar Wochen später erfahre, wusste niemand, dass ich schwanger bin. Die eher beleibten Kolleginnen der pre-primaria meinten schlicht und einfach, ich hätte ebenfalls eine Schwäche für das mexikanische Essen.

Am besten verstehe ich mich auf Anhieb mit der Lehrerin für Zeichnen und Werken. Sie unterrichtet alle Klassen bis auf eine im Fach Gestalten. Als gelernte Grafikerin und begnadete Künstlerin ist dies auch die perfekte Besetzung. Nicht nur die Kinder, die ihren Unterricht besuchen, profitieren von ihrem Wissen, ihrem geübten Auge und ihren gestalterischen Fähigkeiten. Auch ich lerne gerne von ihr und lasse mich in die Gepflogenheiten und Andersartigkeiten in Mexiko einweihen. Wir mögen uns sehr, sie wird meine Bezugsperson. Eine schöne Freundschaft beginnt.

Juan Carlos hat sich mächtig ins Zeug gelegt, uns einen fahrbaren Untersatz zu kaufen. Darin ist er gut. Er kennt viele Leute, kann gut verhandeln – oder besser gesagt pokern – und hat den richtigen Riecher für Schnäppchen. Wir sind also ab sofort stolze Besitzer eines blauen Ford Pick-up, dessen Ladefläche sogar mit einer Blache überdacht werden kann. Wir gehören somit zu den privilegierten Dorfbewohnern, die sich nicht via Esel oder Pferd auf den ungeteerten Strassen fortbewegen.

Eine mexikanische Familie mag noch so arm sein, doch im grössten und manchmal auch einzigen Raum findet man immer an zentraler Lage den Stolz eines jeden Haushaltes für alle gut sichtbar positioniert, fast einem Altar gleich: der Fernseher. Das Gerät läuft immer, ob nun irgendwer das gerade laufende Programm bewusst schaut oder nicht. Die ständige Berieselung versüsst den Frauen die tägliche intensive Putzarbeit in den Wohnräumen, wo sonst unweigerlich das Ungeziefer obsiegen würde.

Telenovelas sind das Highlight des Tages. Die serienmässig aufgebauten Seifenopern schauen alle zusammen, dann müssen alle ruhig sein. Wir haben definitiv richtig entschieden, alle Videokassetten mit den Aufnahmen von »Rosalinda« mit Thalia, ihres Zeichens mexikanischer Superstar, aus der Schweiz mitzubringen: Mama Tere hatte diese verpasst, als die Staffel hier ausgestrahlt wurde. Sie ist begeistert!

Internet gibt es hier noch nicht. Ich muss echt darum kämpfen, dass wenigstens mein Computer installiert wird. Es ist für mich eine grosse Umstellung, in der Anfangszeit den Computer für meine Vorbereitungen für die Schule nicht gebrauchen zu können. Ich empfinde es als mühsam, nicht verschiedene Möglichkeiten zur Verfügung zu haben.

In und um das Haus sind viele Arbeiten in Gang. Mit Juan Carlos' Arbeitskraft und meiner finanziellen Unterstützung erfüllen wir einen grossen Wunsch von Mama Tere. Wir kaufen dem Nachbarn den Landstreifen gleich hinter Mama Teres Haus ab. Zwischen Küche und Dusche/WC wird die Hausmauer durchbrochen und eine abschliessbare Glastüre eingefügt. Daran anschliessend wird im Freien eine Terrasse mit Säulen und Schrägdach realisiert, darunter auf der rechten Seite wird ein Waschbecken mit Wasseranschluss installiert.

Gleichzeitig ist Juan Carlos unglaublich aktiv, was den Erwerb von Tieren anbelangt. Er bringt mir als erstes 20 Eier, welche die Tauglichkeit unseres mitgebrachten Brutkastens testen sollen. Dass dies meine Passion werden wird, weiss ich zu diesem Zeitpunkt allerdings noch nicht.

Des Weiteren schleppt er sechs Kälber und 15 Ziegen an, für die sofort behelfsmässige Einzäunungen errichtet werden müssen. Auf unserem Landstück, wo einmal unser eigenes Haus errichtet werden soll, weiden auch bereits einige Kühe. Ich ermahne Juan Carlos dazu, einen Gang herunterzuschalten: Erst mal müssten wir doch die Infrastruktur haben, bevor wir unseren Bauernhof bestücken können. Es seien alles Tiere, die er vor dem Verhungern gerettet habe. Da hat er mich genau an meinem Schwachpunkt getroffen.

Ob Mama Tere das toll findet, dass ihr dazu gewonnenes Landstück so beansprucht wird? Eigentlich träumte sie von einer lauschigen Sitzecke unter Bäumen in englischem Stil.

Die Versorgung aller Tiere, worunter auch einige Jungtiere sind, ist extrem zeitintensiv und kostet eine Stange Geld. Die Kälber wollen noch mit Flaschen von Hand aufgezogen werden, den jungen Zicklein müssen wir zuweilen zeigen, wo sie bei ihren Ziegenmüttern ansaugen müssen. Habe ich »gatito« schon erwähnt? Dieses herzige, zugelaufene Kätzchen vermag selbst Mama Teres Herz entzücken, auch wenn ihre ganze Zuneigung und Pflege ihren neuen Lieblingen zuteil kommt. In zwei Vogelkäfigen auf der Terrasse tummeln sich hübsche Zebrafinken. Weisse Tauben sind ihr Traum und sollen später dazukommen.

Nach 20 Tagen schlüpfen im Brutkasten die ersten Küken. Ich freue mich unbeschreiblich über die kleinen Piepmätze, die natürlich bald in den behelfsmässig abgetrennten Hühnerauslauf hinter dem Haus gebracht werden, um auch gleich wieder durch den grobmaschigen Drahtzaun auszubüxen.

»Gatito« ist unauffindbar. Schon rechnen wir mit dem Schlimmsten, schliesslich ist es ein Leichtes, das Grundstück durch die Gittertür zu verlassen. Zudem hält man sich hier Hunde und Katzen nicht als Haustiere – diese Tiere streunen auf den Strassen herum und sind im Notfall Nahrungslieferanten. Überraschung und Freude sind gross, als wir plötzlich ein Miauen in hoher Tonlage aus unserem Schlafraum vernehmen. Wir folgen den Tierstimmen und finden im ebenerdigen Schaft im Gestell in einer Kartonschachtel mit Stofffetzen drei hungrige Katzenbabys. Unser »gatito« ist eine Kätzin! Eines der drei Kleinen schafft es allerdings leider nicht.

Während ich versuche, die Tiere vor Ort nach bestem Wissen und Gewissen zu versorgen, kümmert sich Juan Carlos hauptsächlich um die Kühe auf dem Landstück am Rande des Dorfes – und der Pflege des Palaverns mit Freunden.

Heute kommt er ganz aufgeregt nach Hause mit einem zugebundenen Jutesack, den er mit ausgestrecktem Arm in sicherer Entfernung von sich hält. Im beinahe hüfthohen Gras habe er eine Schlange gefunden! Mama Tere reckt ihre Arme gen Himmel und ein »oh Dios mio!« entweicht ihren Lippen. Nein, der Teufel selbst käme nicht unter ihr Dach! Ihr Sohn beruhigt sie, er würde die Schlange in einer leeren Futtertonne auf der Terrasse draussen gefangen halten: gut verschlossen, mit ein paar Luftlöchern im Deckel.

Ich bin neugierig, ging doch die Liebe für Reptilien von meiner Mutter direkt auf meine Geschwister und mich über. Ich rate Juan Carlos, der Python lebendiges Futter in die Tonne zu geben. Aber nicht eines meiner Hühner! Also besorgt er von einem Nachbarn einen wunderschönen Hahn, dessen Schicksal besiegelt zu sein scheint.

Zu unserer Belustigung und auch Erleichterung kräht am nächsten Morgen der Hahn aus voller Kehle aus der Tonne. Die Schlange muss eben erst gefressen haben. Das kann bis drei Wochen dauern, bis sie sich wieder auf Nahrungssuche und -aufnahme macht.

Juan Carlos bemüht sich nach wie vor nicht darum, seine Zahnarztpraxis einzurichten respektive in Gang zu bringen. Dafür bedarf es gezielter Werbung im Dorf. Ich entwerfe für ihn Visitenkarten und drucke diese aus. Verteilt hat er sie allerdings nie.

Er hat einen anderen Plan: er will mit Rassehunden das schnelle, grosse Geld machen. Also lässt er unsere Hündin extra von einem reinrassigen Rüden derselben Rasse decken. Es schlägt tatsächlich ein, unsere Hündin ist trächtig. Wir helfen unserer Hündin, als sie auf der Terrasse ihren ersten Wurf etappenweise zur Welt bringt. Eins, zwei, drei, vier, fünf… sechs, sieben, acht… neun, zehn, elf… zwölf, dreizehn. Das war zu viel für unsere Hündin. Sie ist total überfordert mit ihrem ersten Wurf. Wir sind rund um die Uhr damit beschäftigt, den Welpen Schoppen zu präparieren und zu geben.

Und irgendwo mittendrin bin ich – hochschwanger, an drei Wochentagen jeweils für insgesamt drei Stunden mit dem Bus unterwegs, häufig stehend – mit meinen Aufgaben wie Vorbereiten und Unterrichten der verschiedensten Fächer und Altersgruppen, tägliches Putzen, wöchentliches Waschen von Hand… Ich komme an meine physischen Grenzen.

Hier stehe ich also an diesem Waschbecken und schrubbe an meinem freien Tag zwölf Stunden lang von Hand Wäsche für vier Personen. Wie viele Kleidungsstücke liegen da noch vor mir? Noch drei Männerjeans, verschmutzt mit Kuhdreck, dazu einige wirklich arg strapazierte Maurerhosen und T-Shirts – und dann sind da noch ein paar Umstandskleider von mir. Das wird noch eine Weile dauern…

Die tropische Hitze trägt dazu bei, dass mir Strähnen meines dunklen Lockenschopfs im Gesicht kleben. Ich halte kurz inne,

Schweisstropfen bahnen sich ihren Weg von der Stirn über die Nase, um dann auf die eingeseifte Wäsche vor mir zu tropfen. Ich richte meinen über dem Waschbecken gebeugten, von der stundenlangen Schrubberei geschundenen Rücken auf, wische meine Hände an der luftigen Haremshose ab, massiere die schmerzende Partie auf der Höhe des fünften und sechsten Lendenwirbels und lasse meinen Blick über den Patio bis an den Horizont schweifen.

Ich frage mich, ob das tatsächlich das ist, was ich immer wollte. Ich muss mir eingestehen, dass ich es mir anders vorgestellt hatte.

3. Nacimiento – das grösste Wunder

Einmal mehr dränge ich Juan Carlos dazu, endlich einen Arzt aufzusuchen, schliesslich habe ich seit unserer Abreise aus der Schweiz im Juli keinen Kontrollbesuch mehr gemacht und ich bin im neunten Monat schwanger.

Er meint, ich solle nicht solch ein Aufheben machen. Er habe da Erfahrung, schliesslich habe er schon zwei Kinder auf die Welt gebracht. Dass dies doch immerhin seine Frauen vollbrachten, blendet er als Detail aus.

Ich fühle mich nicht ernst genommen, und bekomme Schützenhilfe von Mama Tere. Eher widerwillig fügt er sich, und so machen wir uns auf den Weg nach Cuernavaca. Im Krankenhaus des seguro social wird Juan Carlos gar nicht erst Einlass gewährt. In Mexiko ist Gebären reine Frauensache. Mit Ausnahme der Ärzte ist Männern der Zutritt zum Entbindungsraum verwehrt.

Ich winke ab, das kommt für mich nicht in Frage. Was, wenn ich mich nicht ausdrücken kann und ich ihn als Übersetzer brauche? Ein bisschen nervös bin ich schon, ist schliesslich meine erste Niederkunft. Wir klappern diverse Arztpraxen ab. Welch ein Anblick: in luftigem

Kleid und Flipflops an den Füssen, marschiere ich in der erbarmungslosen Nachmittagshitze tapfer hinter dem fluchenden Juan Carlos die steilen Gassen hinauf und wieder hinunter, bis wir endlich einen Arzt finden, der mein Kind für 5000 Pesos in einem mehr oder weniger privaten Spital entbinden wird.

Von der Direktionsassistentin am Colegio (eine Schweizerin, mit einem Mexikaner verheiratet) weiss ich, dass ich extrem aufpassen muss, dass die Ärzte nicht einfach ungefragt einen Kaiserschnitt machen. Dies geschah so bei der Geburt ihres ersten Kindes. Wenn es um das Geld geht, pfeifen die Ärzte auf die Berufsethik, denn an einem Kaiserschnitt können sie rund die Hälfte mehr verdienen als bei einer natürlichen Geburt. Ich bin also vorgewarnt. Nur schon deshalb will ich bei diesem grössten aller Ereignisse nicht alleine mit Ärzten sein.

Der Doktor untersucht mich, stellt fest, dass der Muttermund schon einige Zentimeter geöffnet sei und meint nur, dass wir uns in zehn Stunden wiedersehen werden.

Es ist Mittwoch, 5. November 2003: Heute feiert mein Patenjunge seinen 13. Geburtstag.

Und heute Nacht wird meine Mamma in México D.F. landen. Sie ist meinem Wunsch nachgekommen, uns für einen Monat zu besuchen, so um die Zeit herum, wenn ich mein erstes Kind zur Welt bringen werde. Ich bin ihr unendlich dankbar, dass sie sich dazu durchringen konnte – nach allem, was bisher geschehen ist.

Es ist ihr zweiter Flug in ihrem Leben überhaupt (der erste war ein Alpenrundflug als junge Erwachsene), und unerschrocken wie sie ist, wird sie gleich in einer der grössten Metropole der Welt landen. Ob sie sich zurechtfinden wird? Den Weg zur Gepäckausgabe ist ellenlang, der weitere Weg zur Passkontrolle unübersichtlich. Ach was, meine Mamma ist mutig und keineswegs kontaktscheu! Kleines Detail: Sie spricht kein Wort Spanisch. Dafür Englisch – ja, sie wird sich durchfragen. Und dann erwartet Juan Carlos sie ja auf der anderen Seite des Ausganges der Zollkontrolle.

Wie gerne hätte ich meine Mamma abgeholt! Leider kann ich das nicht, will ich mein Kind nicht auf dem Flughafen gebären. Also hat mich Juan Carlos nach der Arztkonsultation zu seiner Schwester gebracht, wo ich auf dem Bett der ältesten Tochter zu liegen geheissen werde. Ich spüre das Ziehen im Beckenboden, aber ich atme bewusst ruhig, tief und regelmässig – Taiji sei Dank!

Kurz nach Mitternacht höre ich endlich die mir so vertraute Stimme: meine Mamma ist tatsächlich hier. Welch unbeschreiblich schöner Moment, nach diesen turbulenten Monaten meine Mutter in die Arme schliessen zu können! Sie ist mein Fels in der Brandung, mein Leuchtturm.

Wie ein Wasserfall sprudelt es aus mir hervor, so viel haben wir uns zu erzählen. Dies geht auch so weiter auf der einstündigen Fahrt nach Alpuyeca.

Die beiden Mütter begrüssen sich herzlich, sofort stellt sich bei mir ein gutes Gefühl ein. Ich spüre, das wird ein guter Monat. Wir richten mein altes Bettsofa für meine Mamma ein, plaudern noch weiter, bis ich die immer rascher wiederkehrenden Wehen um drei Uhr morgens nicht mehr auszuhalten scheine.

Juan Carlos fährt in halsbrecherischer Manier über die ungeteerten Strassen – oder zumindest fühlt es sich so an – denn bei jedem Schlagloch stöhne ich vor Schmerzen. Atmen… ruhig atmen. Es gelingt mir, nach der einstündigen Fahrt nach Cuernavaca mehr oder weniger aufrecht ins Spital zu gehen.

Der avisierte Arzt ist auch schon vor Ort. In einem garderobeähnlichen Vorraum werden wir mit grünen Chirurgen-Nachthemden

ausgerüstet. Mir wird auf das Bett geholfen. Der Arzt stellt mir den Anästhesie-Arzt vor und erklärt kurz, wie die Geburt ablaufen wird. Er
werde dann einen Dammschnitt machen, das sei so üblich. Dies werde
anschliessend wieder schön zugenäht, so dass ich danach auch »unten-
rum« wieder attraktiv sei. Zwischen zwei Wehen keuche ich, dass mir
dies in diesem Moment scheissegal sei.

Völlig überraschend kommt dann aber für mich die Mitteilung, dass
der Anästhesie-Arzt mir eine Periduralanalgesie (PDA) als Geburtser-
leichterung resp. Linderung der Geburtsschmerzen sehr ans Herz legt.
Ich bin verunsichert, muss mitten im Geschehen eine solch schwerwie-
gende Entscheidung treffen. Eine rückenmarksnahe Schmerztherapie?
Bei meinem lädierten Rücken?

Mein fünfter und sechster Lendenwirbel wurden durch einen
schweren Sturz, den ich als Siebenjährige beim Schlitteln erlitten hatte,
aus der Wirbelsäulenkurve herausgedrückt und stehen schief. Die drei
unmittelbar betroffenen Bandscheiben sind seither dadurch ungleich
belastet – eine mögliche Diskushernie hängt seither wie ein Damokles-
schwert über mir. Nach ersten Lähmungserscheinungen im Alter von
knapp 20 Jahren kam ich in die Behandlung bei einem Arzt, der mich
mit seiner Sichtweise prägte: »Du kannst dich nun selber bemitleiden
und sagen, dass nichts besser wird. Dann wird es auch so sein. Oder du
kannst etwas tun und deine Rückenmuskulatur rund um deine Wirbelsäule stärken.« Dies liess mich aufhorchen. Ich startete mit Taiji und
schätze es seither als meine Lebensphilosophie.

Die Stimme des Arztes holt mich zurück aus dem Strudel der Gedanken und Abwägungen: »Es ist wichtig für Sie und Ihr Kind. Ihr
Kind könnte Schäden davontragen, wenn Sie sich jetzt wegen der zu
grossen Schmerzen verkrampfen und dadurch eine schwierige Geburt
haben. Bei dieser Methode wird die Schmerzleitung, die über Nerven-
bahnen von der Gebärmutter zum Rückenmark verläuft, durch eine

medikamentöse Blockade der Schmerzfasern im Bereich der Lenden-
wirbelsäule unterdrückt oder stark gedämpft. Dabei wird Ihr Bewusst-
sein nicht beeinträchtigt. Nun, machen wir die PDA?«

Was hätte ich da noch sagen sollen? Ich nicke. Ich habe unglaublich
Angst, dass ich danach nicht mehr gehen kann.

Am Donnerstag, 6. November 2003, um 9:18 Uhr erblickt unsere erste
gemeinsame Tochter das Licht der Welt. Milena soll sie heissen, da sind
wir uns einig. Ich darf mein neugeborenes Kind kurz in die Arme nehmen, danach bringt Juan Carlos sie zu den Krankenschwestern, die sie
waschen. Ich bin überglücklich und so dankbar, dass mein Kind ge-
sund ist! Irgendwie habe ich jedoch trotz den vorgängigen Beschwich-
tigungen das Gefühl, ich hätte nicht alles so genau mitbekommen. Juan
Carlos meint nur, er hätte ja alles mit der Kamera festgehalten. Daran
erinnere ich mich allerdings auch nur schwach.

Ich werde auf ein Zimmer gebracht, während Juan Carlos sich wieder umzieht. Völlig aufgebracht kommt er nach und teilt mir mit, dass
im Vorraum aus seinem Portemonnaie das Geld gestohlen worden sei.
Ich mag mich jetzt, ehrlich gesagt, nicht gerade darum kümmern.

Bald darauf treffen die beiden Grossmütter ein. Ich staune, wie gut
sich die beiden verstehen, ohne die Sprache der anderen zu sprechen.
Sie erzählen aufgeregt, wie meine Mutter ganz in mexikanischer Manier den Polizisten, die willkürlich Personenwagen anhalten, irgendet-
was Fadenscheiniges zu beanstanden haben und einem dann nicht weiterfahren lassen, auf Schweizerdeutsch verklickert hat, dass ihre Tochter eben ihr erstes Kind zur Welt gebracht habe und sie uns jetzt
besuchen müssten. Ganz abgebrüht steckte sie den Ordnungsmännern
einen Schein über 100 Pesos zu – worauf sie die beiden Omas passieren
liessen.

Ich bin ziemlich erschöpft, kann mich aber gerade noch durchsetzen, dass meiner Milena nicht einfach Ohrlöcher geschossen werden. Das ist nämlich so üblich hier. Die Anästhesie lässt nach – ich habe höllische Schmerzen, blute heftig.

Hier in Mexiko werden Frauen nach einer Geburt zwölf Stunden später aus dem Spital geschickt. Gegen einen Aufpreis gewähren sie mir eine Verlängerung bis maximal 24 Stunden. Ebenfalls anders hier ist, dass die Pflege der Patienten von den Angehörigen und nicht vom Spitalpersonal geleistet wird. Auch für ein frisches Bettlaken muss ich erst bezahlen.

Die beiden Grossmütter machen sich wieder auf den Heimweg. Gemeinsam betreuen die beiden Kriegerinnen unseren Bauernhof. Juan Carlos macht es sich im Stuhl neben meinem Bett so bequem wie möglich. Er legt mir immer wieder Milena zum Stillen an meine Seite. Anderntags früh am Morgen packe ich die wenigen Sachen, versorge Milena und bereite sie für die Reise nach Hause vor, dusche mich so gut es geht und schlüpfe in mein Sommerkleid.

Mit Erstaunen stelle ich fest, dass ich einen Tag nach der Geburt wieder in Grösse 36 passe... Ich hatte tatsächlich einfach nur den Babybauch, sonst aber kein bisschen zugenommen.

4.   Un mes magnífico – Geschenk von Mamma

Der folgende Monat erscheint mir farbenfroher, fröhlicher – kein Wunder: Ich fühle mich durch die Anwesenheit meiner Mutter gestärkt. Meine Mamma hilft mir tatkräftig bei meiner täglichen Hausarbeit, die ich bereits zwei Tage nach der Niederkunft wiederaufgenommen habe.

Dass dies nun wirklich nicht förderlich ist, besonders das stundenlange Stehen und Waschen von Hand, ist verständlich. In der Folge wiederholt sich während der ersten zehn Tage jeden Abend das

Gleiche: Ich kriege Kontraktionen, die sich bis in die Nacht ins Unerträgliche steigern, ich verliere viel Blut, ich krümme mich vor Schmerzen, muss mich hinlegen, finde kein Mittel zur Beruhigung.

Juan Carlos meint am dritten Abend abschätzig, ich würde das doch bloss vortäuschen, damit er das Haus nicht verlassen würde. Meine Mutter weist ihn zurecht: Ob er denn nicht sehe, dass ich gewaltige Schmerzen habe? Die körperlich strenge Arbeit gleich nach der Niederkunft sei halt denkbar ungünstig. Er erwidert ihr nur, die Frauen hier in Mexiko seien sich das gewohnt. Es sei wohl typisch europäisch, dass ich mich selbst nach dem kostspieligen Luxus von 24 Stunden Spitalaufenthalt noch nicht erholt hätte. Mit diesen Worten verabschiedet er sich, er müsse Leute treffen, die ihm Geld schulden.

Gott sei Dank ist meine Mamma hier, die sich zusammen mit Mama Tere um Milenas und mein Wohl kümmert! Nach einer Woche ist mein Körper so sehr geschwächt, dass ich vor der nächsten abendlichen Schmerzattacke meine Mutter inständig darum bitte mir zu versprechen, für Milena zu sorgen, wenn ich sterben würde.

Drei Tage später kommen die Kontraktionen nicht wieder, ich komme langsam zu Kräften.

Jede andere Mutter wäre sicherlich verzweifelt und nach spätestens einer Woche entsetzt und schockiert abgereist. Nicht aber meine Mamma. Sie ist eine Kriegerin, beobachtet genau und macht sich stets gleich nützlich. Sie lernt schnell den Alltag in Mexiko kennen und packt bei all den anfallenden Arbeiten gleich mit an, sehr zum Erstaunen der einheimischen Bevölkerung. So ist sie diejenige, die den Kälbern den Schoppen zubereitet und den sich rangelnden Jungtieren verabreicht, die Ziegen versorgt und die vielen Hühner füttert.

Ich kann mir ein Schmunzeln nicht verkneifen und es erfüllt mich auch mit Stolz, dass ich eine so coole Mamma habe.

Durch das Zusammenleben auf engstem Raum und unsere Gespräche führt mir meine Mamma auch die kulturellen Unterschiede vor Augen – und wie sehr ich mich schon eingelebt habe.

Von unserem Patio aus erblickt meine Mamma auf dem benachbarten eingezäunten Grundstück im hinteren Teil ein Bauwerk aus Beton auf einer Fläche von ca. 3m x 4m. Anerkennend meint sie: »Einen tollen Hundezwinger haben da eure Nachbarn gebaut.« Ich stutze, dann kläre ich sie darüber auf, dass dies das neue Haus für die Familie mit den sechs Kindern sei. Dank dem Baumaterial Beton sei dieses Haus wasserdicht und es werde während der Regenzeit nicht mehr hineinregnen wie dies bei der bestehenden Behausung aus Lehm und Stroh der Fall ist. Beide schweigen wir betreten.

Ein weiteres, banales Beispiel für solche Unterschiede betreffend Mentalität und Kultur ist die Art und Weise, wie wir in unserem Durchgangsraum das Licht anmachen. An einem der ersten Abende betätigt meine Mamma vergeblich den Lichtschalter. Sie teilt mir mit, dass der Schalter nicht funktioniere: das sei doch sicher etwas für Juan Carlos, was er in Ordnung bringen könne. Ich winke lachend ab, gehe ihr voraus in die Mitte des Raumes und bleibe unter der Lampe stehen, von welcher die Kabel lose herunterhängen. Ich biege die beiden isolationsfreien Drahtteile je zu einem Haken, fasse beide Kabel an der Isolation und hake die beiden Drahtteile so zusammen, dass Kontakt entsteht. Voilà! Das sei ja ziemlich prekär, gibt meine Mamma zu bedenken, insbesondere wenn man nicht daran denke und in die Kabel schreite. Ja, meine Mamma und ich, die wir doch die anderen Personen an Körpergrösse übertreffen, müssen schon aufpassen, dass wir die Kabel nicht berühren. Aber ich versichere ihr, dass man sich ganz schnell daran gewöhne.

Meine Mamma staunt über die grossen weissen Schmetterlinge, die über unseren Patio gaukeln und eher durch die Luft schwebenden Taschentüchern gleichen.

Besonders angetan hat es ihr aber unsere Schlange. Natürlich zeigen wir ihr, die sie als zweite Frau im Zoo Zürich als Tierpflegerin angestellt wurde und für ihre Lieblingstiere, die Reptilien, zuständig war, unseren Fang und erklären, was wir bereits unternommen haben. Meine Mamma bestätigt meine Vermutungen betreffend Futteraufnahme. Neugierig fasst sie in die Tonne, hebt die etwa zwei Meter lange Python heraus und legt sie sich mit leuchtenden Augen um den Hals. Mama Tere bekreuzigt sich und spricht Stossgebete aus, die weiteren anwesenden Personen fallen in Schockstarre. Nachbarn und Zaungäste sind sich einig: meine Mutter ist eine Hexe! Spätestens von diesem Moment an geniesst meine Mamma, die sich bereits durch so einige Szenen als unerschrocken erwiesen hat, uneingeschränkten Respekt.

Die Schlange brauche ein grosses Terrarium – Mama Tere verdreht ihre Augen. Also müssen wir dem schönen Exemplar ein neues Zuhause suchen. Und da kommt wieder Juan Carlos' Riecher für Geschäfte zum Zug. Dank meinem Job an der Schweizer Schule verfüge ich über den nötigen Zugang zu einem grossen Netz an vermögenden Leuten. Also fahren wir zusammen mit der erst 14 Tage alten Milena und der Schlange in der Tonne nach Cuernavaca an die Schule. Erstens kann ich so meine süsse Tochter dem Kollegium vorstellen – und Juan Carlos feilscht bereits mit einem Schweizer Papa, der schon einige Schlangen besitzt, um den Verkaufspreis für die Python. So nimmt diese aufregende Episode doch noch ein gutes Ende.

Meine Mamma erachtet es als selbstverständlich, Juan Carlos um Hilfe zu bitten, wenn es darum geht, schwere Sachen zu schleppen oder z.B. die Trinkwasserflasche auszuwechseln. Mama Tere und ich müssen darüber schmunzeln, wie er für meine Mamma rumweibelt – für uns würde er das ja nie tun! Meine Mamma ihrerseits stellt amüsiert aber auch irritiert fest, dass hier die Männer ihrer Arbeit nur geschäftig nachgehen, sobald wir Frauen auftauchen und nach dem Rechten sehen.

Dass meine Mutter es mit einer Flirtattacke von Juan Carlos' Vater zu tun bekommen würde, damit hat nun tatsächlich niemand von uns gerechnet.

Die Geburt eines weiteren Enkelkindes bringt die Grosseltern dazu, Historisches und schier Unmögliches zu vollbringen: der Grossvater nimmt den Weg nach Alpuyeca unter die Räder und die Grossmutter empfängt den verhassten Exmann in ihrem Haus – zum ersten Mal, seit er sie verlassen hat. Die Stimmung ist erst gefährlich geladen: Logisch, bei diesen Vorzeichen und meinen eigenen Erfahrungen mit diesem Mann! Meiner Mamma kommt – nebst Milena – ungeplant die Hauptrolle zu, wodurch sich die Lage entspannt. Juan Carlos' Vater will viel von meiner Mamma wissen, redet intensiv auf sie ein, steckt ihr seine Visitenkarte zu und lädt sie schliesslich zu sich ein. Ich fungiere als Übersetzerin und kann mir manchmal das Lachen einfach nicht verkneifen.

Meine Mamma, die sich durch solch charmante Nettigkeiten nicht beeindrucken lässt, kontert gekonnt auf herausfordernde Weise und bringt den gestandenen Mann anscheinend in die Bredouille. Sie erkennt rasch und muss im Gespräch aus erster Hand erfahren, dass hier andere Regeln gelten und das Frauenbild sehr zu wünschen übriglässt. Abschliessend meint meine Mamma, die beiden Männer könnten es nicht verleugnen, Vater und Sohn zu sein – Juan Carlos gleiche auch in Mimik und Gestik seinem Vater sehr.

Juan Carlos Senior schenkt Milena eine weisse schlichte Taufdecke, die fortan täglich im Einsatz ist. Weshalb nur an einem Tag benutzen, wo wir zudem nicht beabsichtigen, eine Taufe durchzuführen? Die Decke ist schön luftig und leicht – das ist wirklich ein sinnvolles Geschenk.

Meine kleine Milena wird schon in den ersten Wochen ihres Erdendaseins gefordert. Nur gerade zwei Wochen nach der Geburt soll sie der Urgrossmutter in San Miguel de Allende vorgestellt werden. Ich bringe meine Bedenken betreffend diese beschwerliche Reise über 350 Kilometer an, wie das Milena überstehen soll. Juan Carlos winkt ab, das werde schon gut gehen. Zudem sei das doch auch ein toller Ausflug für meine Mutter, um etwas vom Land zu sehen. Das bringt mich in eine Dilemma-Situation.

Die Fahrt mit unserem Pick-up, dessen Ladefläche wir mit dem dafür vorgesehenen Aufsatz überdacht und mit sämtlichen vorhandenen Decken ausstaffiert haben, bringt Milena und mich an unsere Grenzen. Die beiden Grossmütter lassen sich nichts anmerken respektive reissen sich zusammen, um die ohnehin geladene Stimmung nicht zu verschärfen. Wir wechseln uns also ab, jeweils ein bis zwei Personen liegen hinten auf dem Laderaum, während zwei andere vorne auf der Fahrerbank neben Juan Carlos sitzen können. Meine Mamma geniesst die Fahrt durch die wilde Landschaft.

Bei einem zerfallenen Haus machen wir eine kurze Pause, um unsere Notdurft zu verrichten. Mit der Machete in der Hand sichert Juan Carlos erst das noch stehende Gemäuer und das Umfeld ab. Ja, es gibt immer Gesindel, das sich genau an solchen Orten versteckt und dann nichtsahnende Reisende wie uns überfällt. Erst im Nachhinein wird mir bewusst, welch eine Stresssituation dies für Juan Carlos gewesen sein muss: auf die beiden Damen – Mutter und Schwiegermutter –

aufzupassen, die neugeborene Tochter und deren Mutter nicht aus den Augen lassen und gleichzeitig das Auto im Blick haben.

Als dann meine Mamma noch den Fotoapparat zückt um die atemberaubende Wildwestlandschaft festzuhalten, ist es mit Juan Carlos' Geduld vorbei. Er drängt uns unwirsch zurück ins Auto, will sofort weiterfahren. Das Bild tragen meine Mamma und ich auf jeden Fall im Herzen.

Wir werden von der Familie in San Miguel de Allende herzlich empfangen. Natürlich kümmern sich alle liebevoll um Milena, wollen sie in den Armen halten, sie beruhigen, weil sie viel weint, und sie in den Schlaf wiegen. Mama Teres Mutter und Schwester sind auch sehr angetan von meiner Mamma, und so fungiere ich in den angeregten Gesprächen wiederum als Übersetzerin.

Juan Carlos zieht es bereits wieder auf die Strasse, ins Zentrum, ins Nachtleben. Ziemlich ungehalten erinnere ich ihn, dass wir eine solch beschwerliche Reise mit unserer noch so kleinen Tochter nicht dafür unternommen hätten, dass er sich nun gleich wieder aus dem Staub machen könne. Er schreit mich an, ich solle doch froh und dankbar sein, dass er die ganze Strecke gefahren sei – jetzt habe er sich das verdient. Und hier seien genug Frauen, die mir mit Milena helfen würden. Ich kontere gereizt, dass letzteres ja gar nicht der Punkt sei. Dies sei seine Familie, und wir seien ihretwegen hierhergekommen.

In diesem Moment holt Juan Carlos aus, um mich zu schlagen. Meine Mamma, welche diese Unterhaltung ohne sich einzumischen verfolgt hat, stellt sich blitzschnell zwischen uns und stoppt beherzt Juan Carlos' Arm, indem sie mit ihrer Hand sein Handgelenk fest umklammert, sich mit aller Kraft dem Schwung entgegenstellt und diesen so schliesslich entschleunigt. »In meiner Anwesenheit schlägst du meine Tochter nicht!« Mit feurigen Augen und dennoch kontrollierter Stimme weist meine Mamma ihn mit klaren Worten in die Schranken.

Die anderen Familienmitglieder, die ganz in Manier einer Machogesellschaft das Ganze betrachten, staunen – ja, bewundern den Mut meiner Mamma. Das macht man ja nicht, sich einmischen, wenn ein Paar sich streitet. Zudem als Frau einem Mann widersprechen: das kann höchstens eine Frau einer übergeordneten Generation, die in direkter Verwandtschaftslinie mit dem betroffenen Mann steht – und auch dann ohne Gewähr, dass das männliche Familienmitglied sich von der weiblichen Person zur Vernunft bringen lässt.

Juan Carlos wird von dieser für ihn neuen, noch nie erlebten Situation dermassen überrascht, dass er perplex und ohne ein weiteres Wort zu verlieren das Haus verlässt und erst tags darauf gegen Mittag zurückkommt.

Nicht zu wissen, wie Juan Carlos nach solchen Ausbrüchen und nächtlichen Ausflügen drauf ist, stellt für mich die grösste Herausforderung dar, die mir die wertvolle Energie raubt, die ich für meine kleine Tochter aufbringen möchte.

Juan Carlos begrüsst mich nicht, wendet sich an meine Mamma und gibt ihr in gebrochenem Deutsch zu verstehen, sie solle ihre Tochter wieder mit in die Schweiz nehmen. Ich meine zusammenbrechen zu müssen, reisse mich aber zusammen und höre, wie meine Mamma versucht, ihn zu beschwichtigen und ihn davon zu überzeugen, nicht gleich die Flinte ins Korn zu werfen. Diese Probleme seien doch da um sie miteinander auszudiskutieren und zu lösen. Und sein Vorschlag sei sicher nicht die Lösung. Wie er sich das denn vorstelle wegen Milena?

Seine Antwort zieht mir jeglichen Boden unter den Füssen weg: Das sei ja klar, dass Milena hier bei ihm bleibe, denn in Mexiko gehören die Kinder dem Vater. Ich beginne zu schluchzen, appelliere an sein

Mitgefühl, bettle darum, hier bei Milena bleiben zu können. Nach einer gefühlten halben Stunde meint er schliesslich missbilligend, dass er sich bereit erklärt, mir eine weitere Chance zu geben unter der Bedingung der Erfüllung meiner Zugeständnisse, nicht mehr so einen Aufstand zu machen und ihm nicht mehr zu widersprechen.

Wie tief bin ich gesunken! Ich erkenne mich selbst nicht wieder, ertrage mein Spiegelbild nicht mehr. Wie konnte ich meinen Willen nur so brechen lassen? Und immer wieder sind diese Fragen mit der einen Tatsache, mit einem Namen zu beantworten: Milena. Nie im Leben würde ich meine süsse, noch so kleine Tochter im Stich lassen! In diesem Moment schiesst mir der Gedanke an das berühmte Buch «nicht ohne meine Tochter» von Betty Mahmoody durch den Kopf.

Wir geben uns alle Mühe, meiner Mamma während ihres Aufenthalts hier bei uns in Mexiko auch schöne Momente zu bieten. So besuchen wir unter anderem den bekannten mercado de artesanías, wo wir das eine oder andere Getöpferte, Geflochtene, Gewobene, Geschmiedete und Gemalte dank gekonntem Feilschen von Juan Carlos' Cousine erstehen und uns darüber freuen. Auch die Rückreise treten wir respektvoll und ohne weitere Vorfälle an.

Am 5. Dezember feiern wir den 64. Geburtstag meiner Mamma eigentlich in bekannter Form, nämlich im kleinen Familienkreis und mit dem üblichen gesungenen happy birthday – allerdings auf Spanisch, da heisst es cumpleaños felíz. Speziell ist, dass wir dabei erstmals im T-Shirt bei Temperaturen über 25 Grad im Garten sitzen, exotische Vögel munter ihr Lied trällern und die grossen weissen Schmetterlinge um uns herum schweben. Die Strelizien, die Lieblingsblumen meiner Mamma, welche bei Angelica einfach so im Garten wachsen, leuchten in sattem Orange mit den übergrossen tiefblauen Wicken, die sich an der Hausmauer emporwinden, um die Wette.

Die schöne und ungezwungene Stimmung erfährt ihren Höhepunkt, nachdem meine Mamma die Kerzen auf der gekauften Torte ausgeblasen hat, wir diese entfernt haben und ihr gratulieren. Wie auf ein unsichtbares Zeichen hin drückt Juan Carlos das Gesicht meiner Mamma in die Geburtstagstorte. Ich warte gespannt auf ihre Reaktion auf diesen mexikanischen Brauch, mit dem Fotoapparat in der Hand all das festhaltend. Meine Mamma hebt ihren Kopf an und lacht herzhaft, leckt sich die Schlagsahne von den Lippen, wischt sich mit dem Finger über die Wangen und streckt die süsse Masse Juan Carlos und Mama Tere zum Probieren entgegen.

Meine Mamma ist einfach die Beste! Sie versteht es immer wieder, die ausgleichende Kraft zu sein und Situationen zu entschärfen oder gar ins Positive zu wenden. Mit Wehmut denke ich an den bevorstehenden Abschied.

Nur einen Tag später reist meine Mamma nach einem wunderbaren, turbulenten, mit allen Gefühlen gefärbten Monat wieder zurück in die Schweiz – im Gepäck materielle Erinnerungsstücke sowie unvergessliche Erlebnisse verschiedenster Emotionen. Wie fühlt sich meine Mamma wohl nach allem, was sie hier gesehen und miterlebt hat? Wir begleiten sie auf den Flughafen, der Abschied fällt mir unglaublich schwer.

Bisher habe ich mich als sehr eigenwillige, starke Frau wahrgenommen, die stets auf eigenen Beinen steht. Durch die Anwesenheit meiner Mamma respektive die gemeinsam erlebten Geschehnisse geriet dieses Bild ins Wanken. Mir wurde der Spiegel vorgehalten: Bin das wirklich ich? Ist das wirklich das Leben, das ich mir erträumt habe?

Wir sprechen nicht darüber, fühlen aber beide diese unausgesprochenen Sinnfragen. Wir umarmen uns fest, meine Mamma wünscht mir alles Gute und viel Kraft. Sie nimmt Milena nochmals in ihre Arme und küsst sie zärtlich auf die Wange. Dann schreitet sie durch die Passkontrolle, winkt uns ein letztes Mal zu.

Mich erfüllt eine Verzagtheit, eine Leere. Ich kämpfe mit den Tränen. Ich drücke Milena in meinem Arm noch fester an mich. Wann werde ich meine Mamma wohl wiedersehen?

Vida rural – Leben im Indiodorf

5. Felíz cumpleaños – Geburtstag einmal anders

Nach nur fünf Wochen Mutterschaftspause nehme ich nach den Weihnachtsferien meine Arbeit wieder auf. Damit Milena an diesen drei Tagen dennoch Muttermilch kriegt, pumpe ich die Milch frühmorgens und am Mittag in der Schule ab. Während ich meinen Aufgaben in der Schule nachkomme und mich wieder während drei Stunden pro Arbeitstag in vollgestopften Bussen aufhalte, teilen sich Mama Tere und Juan Carlos die Betreuung von Milena.

Während ich versuche, all meinen Verpflichtungen so gut wie möglich nachzukommen, hat Juan Carlos allen Ernstes den Nerv mir vorzuwerfen, ich hätte keine Bindung zu meiner Tochter! Den Beweis dafür sieht er in der einmaligen, doch eher zufälligen Reaktion von Milena, dass sie sich im Alter von zwei Monaten auf dem Bett auf seine Seite – und eben nicht auf meine – dreht. Dies zeige doch ganz klar, dass nicht ich, die sogar noch den Vorteil der Muttermilch-Geberin hätte, sondern er, der eben viel Zeit mit ihr verbringe und sich um sie kümmere, die Bezugsperson für Milena sei.

Ich glaube mich verhört zu haben und führe zu meiner Verteidigung die Tatsache ins Feld, dass wohl wenigstens einer von uns Geld verdienen müsse. Selbst nach einem halben Jahr arbeitet Juan Carlos immer noch nicht. Innerlich rege ich mich über mich selber auf, dass ich überhaupt auf diese Schiene springe und mich sogar rechtfertige.

Damit die häufig weinende Milena dennoch zu ihrem wohlverdienten Schlaf kommt, haben wir sowohl in unserem Schlafraum als auch im Wohnzimmer einen Haken in der Decke angebracht, woran wir eine Wiege einhängen können. Damit auch ich mich ein wenig ausruhen kann, befestigen wir ein Seil an der Wiege, welches ich dann auf dem Bett liegend oder auf dem Sofa sitzend ziehen und die Wiege somit zum Schaukeln bringen kann. Milena liebt das und schläft jeweils schnell ein. Sobald das Schaukeln nachlässt, erwacht sie und schreit wieder.

Dass diese Konstruktion zweimal nicht hält und Milena mitsamt der Wiege schwungvoll zu Boden kracht, passiert jedoch nicht mir, sondern Juan Carlos. Ich bin entsetzt und gelähmt vor Sorge, dass Milena sich verletzt haben könnte. Gott sei Dank verlaufen beide Male glimpflich und ohne gesundheitliche Folgen für Milena, da sie stets gut gepolstert in die Wiege gebettet wird.

Ich versuche auch, neben ihr auf dem Bett zu kuscheln und sie in den Schlaf zu summen. Das würde noch am besten funktionieren, bloss bleibt mir häufig nicht viel Zeit dafür. Einmal rollt sich Milena im Schlaf und fällt vom Bett auf den Boden. Der herzzerreissende Schrei schmerzt mich unbeschreiblich, trifft mich mitten im schlechten Gewissen. Die Tirade an Beschimpfungen von Juan Carlos, ob ich denn nicht einmal auf meine Tochter achtgeben könne, stossen erbarmungslos Messerklingen gleich in die Muttergefühle und beschneiden die Selbstachtung. Ich fühle mich unfähig und miserabel. Und ich bin in diesem Moment davon überzeugt, die schlechteste Mutter der Welt zu sein.

Wie die Indios wickle ich Milena in ein Tuch, binde ihre Arme an den Körper angeschmiegt ein. Dadurch liegt sie ruhig, während ihre Augen lebhaft den Raum abtasten und versuchen, auch das zu beobachten, was ausserhalb ihres Wahrnehmungskreises geschieht. So eingewickelt kann sich Milena im Schlaf durch die ruckartigen Armbewegungen weder mit den scharfen Fingernägeln das Gesicht aufkratzen noch drehen und erneut vom Bett fallen. Dies scheint mir trotz einiger Fragezeichen, die ich vorsichtshalber nicht äussere, eine sichere und für Milena beruhigende Methode zu sein.

Gewöhnt an die kurzen Schlafphasen von Milena werde ich allerdings stutzig, wenn ich längere Zeit nichts von ihr höre. Eines Morgens an einem schulfreien Tag unterbreche ich also meine Putzarbeit, schleiche auf Zehenspitzen zum Durchgangsraum und bleibe im Türrahmen gelähmt vor Schreck stehen.

Milena liegt unverändert eingewickelt auf dem Bett und schläft, während ein kleiner schwarzer Skorpion ungefähr 15 Zentimeter von ihr entfernt eilig über die Bettdecke krabbelt. Ich weiss nicht, welcher Gedanke in diesem Moment überwiegt: den Skorpion zu töten versuchen oder ihn davonziehen zu lassen? Während ich mich mit einer schnellen Entscheidung schwertue, gewinnt ein weiterer Gedanke an Form: Milena, dies ist deine erste Begegnung mit deinem Sternzeichen. Der Skorpion lässt Milena unbehelligt schlafen und macht sich aus dem Staub.

Heute Sonntag klingelt das Telefon ungewohnt häufig. Nach den ersten zwei Anrufen, bei denen mir Mama Tere nach dem üblichen «Bueno?» den Hörer weiterreicht mit der Bemerkung, es sei für mich, realisiert sie, dass es sich wohl um meinen Geburtstag handeln muss. Tatsächlich rufen mich meine Mamma und meine Freundinnen Corinne und Moni an, um mir zu gratulieren. Ich freue mich immens, die Stimmen und die guten Wünsche zu hören – und geniesse es, wieder mal so richtig ausgiebig auf Schweizerdeutsch zu sprechen. Natürlich rede ich mit Milena nur in meiner Muttersprache, bloss beschränken sich unsere Gespräche momentan noch auf einen Monolog meinerseits. Meine Stimmung bessert sich sichtlich und lässt mich auch grosszügig über die Tatsache hinwegsehen, dass Juan Carlos meinen Geburtstag vergessen hat.

Nun gratuliert mir auch Mama Tere herzlich, Juan Carlos gibt mir flüchtig einen Kuss, und die Kunde verbreitet sich in Windeseile in der

Nachbarschaft. Eine Verlegenheitslösung muss her, also lade ich die ganze Familie – das heisst den Bruder von Juan Carlos, der heute eines der seltenen Male in Alpuyeca weilt, mit seiner Frau und den drei anwesenden Kindern sowie die Schwester von Juan Carlos mit ihrem Mann und ihren vier Kindern, die spontan zu Besuch kamen, und natürlich Mama Tere – zu einer Runde der berühmten nieves ein, wie hier das Glacé genannt wird.

Und was nun? Juan Carlos schlägt vor, den Zoo «Rancho Agua Salada» zu besuchen. Ich wusste gar nicht, dass Alpuyeca über einen eigenen Zoo verfügt? Also machen wir uns mit der ganzen Truppe in zwei Autos auf den holprigen Weg zu dem ausserhalb des Dorfes gelegenen Tierpark. Punkto Standards bin ich als Zürcherin natürlich verwöhnt mit dem Zoo Zürich und mein Anspruch diesbezüglich ist hoch. Der Unterschied in der Tierhaltung ist frappant und ich bin ziemlich schockiert, wie die Tiere hier dahinvegetieren müssen. Auch die Wasserversorgung in der wüstenähnlichen Landschaft gestaltet sich problematisch. Während ich irritiert von einem Tierkäfig zum nächsten gehe, freuen sich die anderen über die gelungene Abwechslung zum sonst üblichen Sonntagsprogramm, zumal es für sie erst noch umsonst ist, da ich den Ausflug berappe.

Bei unserer Rückkehr stelle ich mit Freude fest, dass im Brutkasten wieder Küken geschlüpft sind. Dieses Mal handelt es sich um teuer erstandene Eier der Sorte Kampfhahn.

Ja, Juan Carlos wittert wieder einmal die Chance, mit möglichst wenig Aufwand das grosse Geld zu machen. Die Sparte Kampfhähne und die damit verbundene, zweifelhafte und tragische Wettkampfsportart lehne ich kategorisch ab. Ich solle mich nicht so haben: dies sei ein Volkssport, der bei einem glücklichen Händchen betreffend die Aufzucht sehr lukrativ sei.

Die Küken, Hühner und Hähne sind wirklich meine neue Passion, ihre Pflege übernehme ich gerne. Was ich zu diesem Zeitpunkt allerdings noch nicht wissen konnte: Eines der frischgeschlüpften Küken wird sich zu einem der sehr seltenen, rein weissen und für viel Geld verhökerbaren Kampfhähne entwickeln, der sich aber zu Juan Carlos' grossem Unmut nur von mir anfassen lässt und somit seinem harten Schicksal, früher oder später in einem Wettkampf von einem Kontrahenten zu Tode getreten und gehackt werden, entkommt.

Welch schönes und wertvolles Geburtstagsgeschenk, das ich da unverhofft und ungeplant erhalte!

Milena ihrerseits geht schon im zarten Alter von ein paar Monaten auf Tuchfühlung mit den Küken. Wenn ich im Patio Wäsche wasche, stelle ich Milena im Maxi Cosi in meine Nähe, so dass ich sie stets im Blickfeld habe, denn nicht selten streift unsere Hündin vorbei und schnüffelt an Milena, die gerade mal so gross wie der Kopf unserer Hündin ist. Das stört aber Milena nie, auch nicht, dass sie von diesem Riesenvieh abgeleckt und besabbert wird. Nein, es bringt sie sogar zu gurgelndem Lachen. Auch den jungen Katzen, die Fangen spielen und dabei über Milena springen, schaut Milena interessiert und belustigt zu.

Bei insgesamt etwa fünfzig Hühnern, Hähnen und Küken und deren Talent, stets aus dem Gehege auszubüxen, ist es schwierig, halbwegs eine Ordnung einzuhalten. Also rennen vor allem auch die Küken frei herum.

Milena nuckelt gerade genüsslich an einer halben Aprikose, als eines der mutigeren Küken auf Milena hüpft und versucht, das Objekt der Begierde wegzupicken. Erst erschrickt Milena, doch dann umfasst sie die Aprikose fester. Der kleine Racker muss wohl von ganz verwegenem Schlag sein, denn er pickt weiter auf dem Fruchtschnitz herum.

Ich will schon eingreifen, ist der feine Schnabel des Kükens doch nicht gerade ungefährlich und sehr nahe bei Milenas Augen, da lässt Milena das Aprikosenstück los und packt mit erstaunlicher Schnelligkeit und Präzision das Küken mit beiden Händen. Dieses flattert erschrocken mit den noch nicht ausgebildeten Flügeln und schnappt krächzend nach Luft, doch Milena lockert ihren Griff nicht und erwürgt es beinahe.

Ich muss laut lachen und denke mir, während ich das Küken aus dem Schwitzkasten befreie: klare Ansage – niemand nimmt Milena das Essen weg!

6. Mi casa es su casa – Gastfreundschaft auf mexikanisch

Eine weitere Reise nach San Miguel de Allende steht uns bevor: Die Nichte von Mama Tere heiratet. Es wird eine rauschende Hochzeitfeier vom Feinsten werden, denn die Familie der Braut ist wohlhabend und rührt mit der grossen Kelle an. Mama Tere und Juan Carlos freuen sich sehr auf das Fest, das Essen, die grosse Familie. Mein Überschwang hält sich in Grenzen, habe ich doch beide Male, als wir nach San Miguel de Allende fuhren, Schockierendes, Erniedrigendes, Unwürdiges erlebt.

Die lange Reise in unserem Pick-up unter der sengenden Sonne ist beschwerlich. Wir ziehen Extraschlaufen, weil wir uns verfahren. Die Stimmung ist gereizt. Wir schaffen es gerade noch rechtzeitig zur Wohnung einer entfernten Verwandten, wo wir uns schnell frischmachen können, bevor es bereits zur Zeremonie in die Kirche geht. Ich versuche stets, einen halbwegs geregelten Tagesablauf für Milena aufrecht zu erhalten: ein unmögliches Unterfangen an ereignisreichen Tagen und Anlässen wie diesen.

An die kirchliche Trauung und die anschliessende Truppenverschiebung zur Festhalle sowie an das üppige Schlemmerbuffet erinnere ich mich nur lückenhaft. Ich weiss, dass es plötzlich zu regnen begann und es deutlich kühler wurde.

Was mir wie mit einem glühenden Eisen in Herz und Seele eingebrannt bleibt, ist der Streit mit Juan Carlos während dem Essen. Ich weiss nicht einmal mehr, was dafür der Stein des Anstosses gewesen ist. Nach meinem Empfinden ereifert er sich aus dem Nichts und schraubt sich in der Aggressionsspirale selber hoch. Ich bitte ihn, zur Vernunft zu kommen und den schönsten Tag seiner Cousine nicht zu versauen. Damit bewirke ich genau das Gegenteil. Ich denke für einen Moment darüber nach, was für Substanzen er sich wohl dieses Mal in den Körper gejagt haben mag? Matt bitte ich ihn, wenigstens seine Lautstärke zu drosseln. »Cállate ya!« schreit er mich an. Ich solle meine Schnauze halten. Dieses Mal ist es schliesslich Mama Tere, die wirksam eingreifen kann: er solle sich gefälligst zusammennehmen und dem Hochzeitspaar sowie der gesamten Hochzeitsgesellschaft den nötigen Respekt zollen. Dies zeigt insofern Wirkung, als dass wir mit der schlafenden Milena aufbrechen.

Wir können bei den Eltern des Bräutigams in dessen ehemaligem Kinderzimmer schlafen. Durch den anhaltenden Dauerregen sind die Temperaturen in den einstelligen Bereich gefallen, die Nacht ist empfindlich kalt. In den nicht isolierten Häusern ohne jegliche Heizungsinfrastruktur ist dies unangenehm spürbar. Gott sei Dank wusste ich beim Einpacken der Kleider für Milena um diese Tatsache: ich habe ihre Kleider aus Faserpelz sowie Mütze und Fäustlinge mitgenommen. Eingemummt in sämtlichen warmen Kleidern schlummert meine kleine Prinzessin immer wieder ein, findet aber nicht den wohlverdienten Schlaf.

Ich weiss nicht mehr, ob Juan Carlos bei uns geblieben ist, und wenn ja, ob er im selben Zimmer geschlafen hat. Es muss eine Art Schutzmechanismus gewesen sein, der mich in Watte packte und mich um mich herum nichts mehr wahrnehmen liess – ausser den Bedürfnissen meiner Tochter und meine Fürsorge für sie.

Ich kann kein Auge zutun: zum einen aus Sorge um meine Tochter, zum anderen aus Verzweiflung. Das Karussell aus Wortfetzen, Gesichtsausdrücken, Handlungen und allen möglichen Emotionen dreht sich und lässt mich keinen klaren Gedanken fassen. Nur die eine Frage manifestiert sich und formt sich zu einem Satz: Was haftet nur an diesem Ort, wo erneut der Leibhaftige persönlich von Juan Carlos Besitz zu ergreifen scheint?

Mama Tere weiss, dass ich leide. Wieder zurück in Alpuyeca bietet sie mir an, jeweils am Sonntag in den Gottesdienst mitzukommen. Bisher habe sie sich geschämt respektive sich nicht getraut, mich einzuladen, da sie nicht mit einem so tollen Kirchengebäude und einer so gut organisierten, durchstrukturierten Gemeinde aufwarten könne, wie wir das in der Schweiz hätten. Aber so bin ich doch nicht! Dies sind doch Äusserlichkeiten, auf die es mir nicht drauf ankommt! Ich komme sehr gerne mit – in der Hoffnung, Trost in der Gemeinde vor Gott zu finden.

Ich kann von mir selber nicht gerade behaupten, das Musterexemplar einer gläubigen Person zu sein. Durch meine Mamma, die sich schon ihr Leben lang immer wieder intensiv mit Glaubensfragen auseinandersetzt, besuchte ich den katholischen Unterricht bis zur Firmung, kriegte durch den damaligen Pfarrer aber das Bild eines bestrafenden Gottes vermittelt, den ich bereits mit 14 Jahren als grosse Sünderin mit gesenktem Haupt um Vergebung bitten musste. Diese Variante gefiel mir gar nicht, worauf ich mich in der Folge bewusst von der Kirche abwendete. Da sympathisierte ich doch lieber mit der Haltung meines Vaters, die da lautet: »Nur, weil ich nicht in die Kirche gehe, heisst das nicht, dass ich nicht gläubig bin. Ich brauche einfach nicht diesen speziellen Ort, um zu beten und meinem Gott zu erzählen, was mich bedrückt, was mich freut, wofür ich mich bedanke.« Auch ich mache für mich diese Abgrenzung von religiös und gläubig – und lebe gut damit. Spannend ist doch aber, dass der Mensch in Extremsituationen, die ausweglos erscheinen und in welchen alle anderen angestrebten rationalen Lösungen nicht reüssierten, dazu neigt, zu guter Letzt eine höhere Macht, einen Gott um Hilfe anzuflehen. Das ist bei mir nicht anders.

Beim ersten Mal bin ich sehr aufgeregt: Wie mich die Gemeindemitglieder wohl aufnehmen werden? Doch das erweist sich als unnötig und die Bedenken werden gleich zu Beginn weggewischt. An diesem stürmischen Sonntag erlebe ich den Gottesdienst erstmals in einem nicht fertiggestellten Gebäude: nur auf zwei Seiten sind Wände hochgezogen, auf den je drei Pfeilern pro Seite liegen Längsbalken, auf welchen behelfsmässig fixierte Wellbleche als Überdachung dienen und den Raum mit Klinkerboden vor Nässe schützen. Die Gemeinde nimmt auf Plastikstühlen Platz, ein einfacher Tisch funktioniert als Altar, ein schlichtes schmiedeeisernes Kreuz hängt an der stirnseitigen Wand – mehr braucht es nicht. Der Gottesdienst ist intensiv, der Prediger flammend, das Gebet inbrünstig, der Gesang fröhlich und aus voller Kehle. Nicht zu vergleichen mit einem europäischen Gottesdienst! Ich fühle mich wohl und sanft getragen in der Gemeinschaft von Gleichgesinnten.

Gegenseitige Besuche sind in Mexiko intensiv und nicht selten exzessiv. Das kann gut und gerne auch gleich ein paar Tage dauern. Ganz nach dem Willkommensspruch, der häufig an den Hauseingängen zu lesen ist: »mi casa es su casa«.

Miguels Eltern sind bei ihrem Sohn auf Besuch, und wir sind eingeladen. Juan Carlos kommt von seiner alltäglichen Autorundfahrt zwecks mir nicht erschlossenen Machenschaften mit dieser Nachricht zurück.

Miguel Senior werde zur Feier des Tages eine Ziege schlachten. Nun gut, da hält sich meine Begeisterung eher in Grenzen. Aber die Einladung auszuschlagen wäre unhöflich, also bereite ich Milena und die jüngsten Sprösslinge von Juan Carlos' Bruder und Schwester, die beide das Wochenende bei uns weilen, vor. Ich freue mich, Miguel wiederzusehen, und erhoffe mir etwas Abwechslung an einem ungezwungenen Nachmittag. Das Wiedersehen ist herzlich, die Vorbereitungen voll im Gange.

Schockiert sehe ich, wie Miguels Vater die Ziege packt, ihr einen Strick um den einen Hinterlauf festbindet und sie dann kopfüber an einem dicken Ast in einem der Bäume aufhängt. Ich solle mal den Strick festzurren, dass er Hand anlegen könne. Die Tochter von Juan Carlos' Schwester fordert er auf, die Schale unter den Hals des kläglich meckernden Tieres zu halten. Erst jetzt realisiere ich, was da Miguels Vater vorhat. Mir wird ein wenig schwindlig, die Nichte von Juan Carlos widerspricht dezidiert mit gross aufgerissenen Augen, dass sie das sicher nicht tun werde und rennt zu mir, klammert sich an mir fest und vergräbt ihr Gesicht in meinem T-Shirt. Ich nehme die Kleine in Schutz, kriege Schützenhilfe von Miguels Mutter und setze mich mit ihr an den Gartentisch abseits der ganzen Szene.

Zum Glück kommen da die jungen Männer und ergötzen sich zusammen mit Miguel Senior, wie dieser dem Tier die Kehle bei lebendigem Leib durchschneidet, das Blut aus der Halsschlagader herausfliesst und das Tier, mit länger werdenden Pausen aber immer noch meckernd, langsam verblutet und schliesslich stirbt. Nie im Leben hätte ich geglaubt, dass ich jemals Zeuge einer Schächtung würde.

Ebenfalls Märchenerzähler hätte ich die Personen geschimpft, welche mir vorausgesagt hätten, dass ich einmal Leguan essen würde. Dies ist nämlich eine weitere Spezialität, welche an diesem für mich seltsamen

Nachmittag aufgetischt wird. Gerade für mich, die ich häufig unter starken Kopfschmerzen leide, sei dies die wirksamste Medizin schlechthin: gedämpfter Leguan.

Unweigerlich kommen mir die beiden Leguane im Terrarium beim unteren Haupteingang der Kantonsschule Wiedikon, wo ich das Gymnasium besuchte, in den Sinn. Ich fütterte damals den altersschwachen Leguan mit dem Löffel, weil er nicht mehr selber sein Futter fangen oder gut aufnehmen konnte.

Und jetzt soll ich einen seiner Artgenossen essen? Miguels Mutter ermutigt mich, es sei ein wenig wie Poulet. Zusammen mit dem Fond sei das köstlich. Keine Ahnung, was da alles drin ist, aber es schmeckt gar nicht schlecht.

Ob davon Kopfschmerzen wirklich verschwinden sollen, kann ich nicht beurteilen, da wir mit Tequila Gegensteuer geben.

Dieses gefährliche Destillat wurde mir schon vor Jahren zum Verhängnis, als ich noch mit meinem Ex-Freund während unserer Ausbildung im Lehrerseminar statt auf Prüfungen zu lernen unseren Träumen betreffend Mexiko zu Vicente Fernandes' herzzerreissenden Rancheras nachhängten.

Mir kommt es jetzt wie eine Wiederholung vor, bloss dieses Mal real in Mexiko. Miguels Mutter schenkt immer wieder ein, hebt das Glas für den nächsten Trinkspruch, erneut auf die Liebe und das Leben: »salud, amor y dinero – en abundancia!« Aus dem Kassettenrekorder bringen uns Rancheras auf die sentimentale Schiene, und irgendwann heulen wir beide. Das ist zu viel für die Männer. Juan Carlos bläst zum Abmarsch.

Ziemlich überstürzt verabschieden wir uns unter Entschuldigungen und Beteuerungen, dass dies sonst nicht meine Art sei. Ich trinke seither keinen Tropfen Tequila mehr.

Miguels Eltern sehe ich noch einmal, als wir sechs unserer Kälber, die uns offenbar Miguel Senior abgekauft hat, zu ihnen nach México D.F. transportieren.

Auf der Ladefläche unseres Ford Pick-up, geschützt durch den Aufsatz aus Blache, müssen die Tiere zusammengepfercht die abenteuerliche Fahrt überstehen. Wir sitzen zu dritt auf der Fahrerbank, Milena halte ich auf meinem Schoss.

Ein Auto hinter uns, das uns laut Juan Carlos seit der Fahrt aus Cuernavaca hinaus verfolgt, macht ihn dermassen nervös, dass wir anhalten und Fahrerwechsel vornehmen. Mir könnten sie nichts anhängen… Was hat er sich da wohl wieder zuschulden kommen lassen? Es bleibt keine Zeit zum Nachfragen.

Ich setze mich ans Steuer, brettere mit sechs Kälbern hinten auf der Ladefläche, streckenweise mit Milena an der Brust, zum ersten Mal über die Autobahn in die Metropole und lasse mich von Juan Carlos und Mama Tere lotsen. Die mir bekannten Verkehrsregeln taugen hier nichts, da gilt »de Schnäller isch de Gschwinder«. Ich werde auf dem zehnspurigen Autobahnabschnitt von links und rechts überholt, Lastwagen brausen in halsbrecherischer Geschwindigkeit an uns vorbei.

Juan Carlos nervt sich, dass ich mich nicht durchsetze. Mama Tere stellt enttäuscht fest, dass wir die Ausfahrt, die wir eben hinter uns liessen, hätten rausfahren müssen. Wir befinden uns zu diesem Zeitpunkt ungefähr auf der sechsten Spur. Mein Puls geht hoch, ich fahre so konzentriert wie noch nie, schwitze an den Händen. Irgendwie schaffe ich es, die Spuren zu wechseln, um wenigstens die nächste Ausfahrt nicht zu verpassen. Die Fahrt bis zu Miguels Eltern, die in einem Stadtteil ein wenig ausserhalb wohnen, gestaltet sich für mich als einzige Irrfahrt.

Unterwegs werde ich Zeuge, wie in einer Seitenstrasse vor unseren Augen ein Auto aufgebrochen und geklaut wird. Ich solle nicht hinschauen, sondern weiterfahren.

Auch bei der nächsten Szene, bei welcher eine Person von zwei jungen Männern brutal niedergeprügelt wird, mahnt mich Juan Carlos zur Beschleunigung. Ich bin nudelfertig, als wir an unserem Bestimmungsort ankommen.

Wir werden herzlich begrüsst, die Frauen ins Haus gebeten, während die Männer die Kälber auf die Weide bringen. In der Küche sind einige junge Frauen damit beschäftigt, unter dem kritischen Blick von Miguels Mutter diverse Köstlichkeiten vorzubereiten. Das Haus ist grosszügig, im Kolonialstil geschmackvoll und kostspielig eingerichtet, an den Wänden auffallend viele Heiligenbilder und Marienikonen.

Als wir uns eine gute Stunde später zu Tisch setzen, fühle ich mich in einen Film versetzt: Das Familienoberhaupt, seines Zeichens achtfacher Mörder, spricht ein Dankgebet. Alle sitzen da mit gesenktem Haupt und bezeugen dies mit Amen. Dann wird nach Hierarchiestufe Essen geschöpft und gegessen. Das Gebaren, die Regeln, die Stimmung - ich würde es heute mit der TV-Werbung für Old El Paso-Produkte vergleichen, wo der »Machete«-Hauptdarsteller Danny Trejo den Spruch »together is bueno« zu Kult macht.

Wirklich wohl fühle ich mich nicht – auch Mama Tere nicht. Niemals hätte sie aus freien Stücken die Wohnung eines so gottlosen und heuchlerisch falschen Menschen betreten. Einmal mehr hat sie sich dem Entscheid ihres Sohnes gebeugt.

Und bei aller Liebe für Mexiko – in der Hauptstadt könnte ich nie wohnen.

Ein grosses Fest steht bevor: Juan Carlos' Nichte Brenda wird 15 Jahre alt. Das kann nicht schaden, denke ich für mich. Dies wird unseren harten Alltag ein wenig auflockern.

Ich werde aufgeklärt über die Bedeutung dieser ganz besonderen Geburtstagsfeier: Es handelt sich sozusagen um die Einführung in die Gesellschaft der jungen Dame. Der Brauch rührt daher, dass die junge Dame ab dann als heiratsfähig gilt.

Fast jedes lateinamerikanische Mädchen träumt von seinem 15. Geburtstag wie von seiner Hochzeit. Jetzt verstehe ich auch, weshalb es in Cuernavaca Geschäfte gibt, die sich einzig und allein diesem Thema verschrieben haben und auch wirklich florieren.

Die quinceañera lädt uns persönlich ein.

Im grössten verfügbaren Saal des Dorfes werden die allesamt elegant gekleideten Gäste empfangen. Die langen Tische sind weiss gedeckt und laden zum Bankett. Es gibt Köstlichkeiten zu speisen, auch das Getränk ist offeriert. Live-Musik sorgt für Unterhaltung, viele Menschen tanzen auf dem Parkett vor der Bühne. Ich bin überfordert.

Und wo ist das Geburtstagskind? Irgendwann, nach weiss ich wie vielen Ansprachen und Würdigungen von Personen, die dafür eigens auf die Bühne gebeten wurden und ins Mikrofon sprachen, kann sich Brenda einen Weg zu uns bahnen und sich für einen Moment zu uns gesellen.

Sie gesteht mir, dass dies gar nicht ihr Ding sei. Warum sie denn dieses ganze Riesen-Tam-Tam mitmache? Ihrer Mutter zuliebe.

Diese rauschende Feier lassen sich lateinamerikanische Eltern eine Stange Geld kosten. Nicht selten verschulden sich ganze Familien für Jahre – bloss, um ihrer Tochter eine fiesta de quince años zu ermöglichen.

Ein weiterer Brauch, der bei mir nur verständnisloses Kopfschütteln auslöst.

7. Amigas – langjährige und neue Freundschaften

Im Februar beginnt die Hitzeperiode, welche sich bis zum April ins schier Unerträgliche steigern wird. Ich liebe ja warme bis heisse Temperaturen, doch hier empfinde auch ich die erbarmungslos sengende Sonne als feindlich.

Das Wasser ist knapp, die Zisterne im Hinterhof beinahe leer. Ich lerne wirklich, Wasser zu sparen. Und ich erfahre am eigenen Leib, was es heisst, wenn das kostbare lebensnotwendige Nass versiegt.

Im Indiodorf besteht keine Infrastruktur bezüglich Wasser und Abwasser, wie wir uns das von der Schweiz gewohnt sind. Du bezahlst so ungefähr alle zwei Wochen für die Wasserzufuhr, woraufhin dann auf mir nicht erklärbare Weise das Wasser aus einem Röhrensystem unter der Strasse durch den daran angezapften Schlauch in die eigene Zisterne, die meistens im Hinterhof steht, zufliesst. Wie das kontrolliert und gesteuert wird, bleibt mir ein Rätsel.

Das Abwasser gelangt durch eine unterirdische Röhre, die irgendwann und möglichst im Grundstück des Nachbarn endet, ungefiltert und direkt in den Boden.

Auch das Stromnetz ist speziell. Der Wirrwarr von Kabeln an den Masten und die Leitungsführung zu den einzelnen Haushalten sind beeindruckend unübersichtlich und nicht ungefährlich. Es ist beinahe schon ein Nationalsport, möglichst unbemerkt die Stromversorgung eines Nachbarn anzuzapfen, der somit der Depp vom Dienst ist.

Dass hier Nachbarschaftspflege nicht grossgeschrieben wird, habe ich schon ganz zu Beginn meiner Zeit in Mexiko begriffen. Man ist distanziert höflich, spricht die Probleme nicht direkt an, sondern umschreibt und verpackt sie in eine immer noch nett klingende Phrase. Kaum dreht man sich den Rücken, wird auf unmissverständliche Weise in markigen und despektierlichen Worten über den anderen hergezogen.

Wir sitzen im Wohnzimmer und fächeln uns Luft zu, die Ventilatoren an der Decke laufen auf der höchsten Stufe, wodurch sie durch die Unwucht gefährlich wackeln. Dies hält aber schon einige Jahre so, also kein Grund zur Sorge.

Mama Tere wird stutzig, dass das Wasser, welches doch heute hätte geliefert werden sollen, nicht in die Zisterne plätschert. Juan Carlos rafft sich nach einiger Zeit auf, um draussen nachzuschauen. Wir hören ihn laut fluchen, eine andere Stimme wehrt sich.

Wir stürzen ebenfalls hinaus und müssen feststellen, dass die mittellosen Nachbarn den Schlauch aus unserer Zisterne herausgezogen und bei ihrer Zisterne angeschlossen haben. Der Familienvater bleibt dabei, dies habe weder er noch eines seiner Kinder verbrochen. Ich verstehe die Wut von Juan Carlos: Es ist offensichtlich, dass sie sich unrechtmässig Zugang zu unserer Wasserration verschafft haben. Eine andere Seite von mir sieht die Not der zehnköpfigen Familie: Die Mutter schuftet sich beinahe zu Tode, und dennoch reicht es nie.

Dieses Wasser ist verloren. Trotz lauten Protesten ihres Sohnes fragt Mama Tere ihre Schwiegertochter Angelica freundlich an, ob wir das abgestandene, grünliche und bereits mit Algen durchsetzte Wasser aus dem Swimmingpool zum Abkochen abschöpfen können, um die nächsten zwei Wochen zu überstehen. Sich des Abhängigkeitsverhältnisses und des damit unverhofften Machterhalts bewusst, geniesst die stets missmutig gestimmte Angelica diese Situation und die bittstellende Haltung ihrer Schwiegermutter.

Es ist Februar 2004: Das Telefon klingelt. Mama Tere drückt mir den Hörer in die Hand, die Person sei nicht Spanisch sprechend. Zu meiner grossen Freude höre ich die Stimme meiner langjährigen Freundin Corinne am anderen Ende.

Sie und ihr Freund seien gerade in Costa Rica in den Ferien und hätten ihre Rückreise via Mexiko mit einem Zwischenhalt von drei Tagen geplant. Ob sie vorbeikommen dürften um uns zu besuchen und vor allem Milena kennenzulernen? Logisch! Welch unerwartete Überraschung! Ich freue mich riesig.

Ein paar Tage später holen Juan Carlos und ich am Abend Corinne und Albert am Flughafen in Mexiko ab. Milena wird von ihrer Grossmutter betreut. Die Wiedersehensfreude ist gross: ich weiss nicht mehr, wann wir uns das letzte Mal gesehen haben – es ist auf jeden Fall bereits länger her.

Ich sprudle auf Schweizerdeutsch los, will alles wissen: wie es ihnen geht, was in der Schweiz so läuft, wie ihre Ferien in Costa Rica waren, ob sie das an langer Hand geplant hätten, hierher zu kommen… Während der Fahrt Richtung Cuernavaca läuft eine fröhliche, schnelle und vielschichtige Konversation. Neuigkeiten von hüben wie drüben werden ausgetauscht, immer wieder die Landschaft bestaunt und mit Informationen und Wissenswertem zu Land und Leuten ergänzt.

Ja, der Rosenverkauf am Rande der Autobahn ist eine lukrative Einkommensquelle. Und diese Schnittblumen sind erstklassiger Güte. Wenn du ganz frische, schöne, langstielige und grosse Exemplare haben möchtest, tust du gut daran, frühmorgens bei demjenigen Verkäufer einen Halt einzulegen, dessen unzählige Eimer mit den Rosen von einer behelfsmässig gespannten Blache vor direkter Sonneneinstrahlung abgeschirmt werden.

Wusstet ihr, dass der in der Adventszeit beliebte Weihnachtsstern einer der grössten Exportartikel von Mexiko ist? Schon die Azteken kannten die Pflanzen unter dem Namen Cuetlaxochitl, was Leder-Blume bedeutet. Die Pflanze mit den roten, weissen oder rosafarbenen Hochblättern wird dann jeweils reihenweise am Strassenrand verkauft.

Eine erste Sightseeing-Tour machen wir in der Altstadt von Cuernavaca, wo ein Besuch in Juan Carlos' Lieblingsbar natürlich nicht fehlen darf. Müde aber glücklich und zufrieden fahren wir durch die Nacht nach Alpuyeca, wo meine Freunde Mama Tere noch wach und Milena bereits schlafend kennen lernen.

Nach ein paar wenigen Stunden Schlaf werden wir von Milena geweckt. Corinne ist entzückt und freut sich sehr, meine kleine Tochter in den Arm nehmen zu dürfen. Sie holt ein Geschenk für Milena hervor und ist gespannt auf meine Reaktion: ein leuchtendgelber Stern aus Plüsch mit liebevollem Gesicht, dem eine Spieluhr mit einem Schlaflied innewohnt. Dies wird Milenas stetiger Begleiter, nicht nur am Abend.

Meine Mamma hat Corinne das sanfte Bébé-Öl von Weleda für Milena mitgegeben. Während ihrer ganzen Reise hat Corinne Geschenke für Milena im Gepäck mitgeschleppt – also hat sie diesen Besuch geplant. Ich bin sehr gerührt: welch tolle Freundin ich doch habe!

Stumm danke ich meinem längst verstorbenen Vater für jene schicksalsträchtige Begegnung im September 1982, als unsere beiden Familien sich anlässlich einer Ausstellung in Winterthur kennenlernten. Mein Vater arbeitete damals mit Corinnes Vater in der gleichen Firma. Sie waren sehr gute Freunde.

Corinne und ich fanden sofort den Draht zueinander, woraus eine intensive Freundschaft entstand, welche wir anfänglich ausschliesslich via Briefwechsel pflegten. Bald schon stiessen wir schreibenderweise an unsere Grenzen und vertieften unsere Freundschaft mit regelmässigen gemeinsamen Wochenenden in Zürich und Wil SG.

Ich umarme Corinne innig und danke ihr für alles. Inzwischen macht sich Albert zusammen mit Juan Carlos am Grill zu schaffen. Als gelernter Koch macht sich Albert auf seine unkomplizierte und umgängliche Art nützlich und fachsimpelt mit Juan Carlos auf Hochdeutsch, während mit Mama Tere von Beginn an ein beidseitiges Verständnis trotz vermeintlicher Sprachbarriere herrscht.

Schnell verbreitet sich die Kunde, dass wir Besuch aus der Schweiz hätten. Neugierig schauen Freunde von Juan Carlos – jene, die ich kenne, aber auch solche, die ich noch nie gesehen habe und mir zwielichtig erscheinen – »zufällig« vorbei und bleiben gerne bei Alberts Gaumenschmaus sitzen. Diese fröhlichen Momente bleiben uns allen in bester Erinnerung: gemütliches Zusammensein, feines Essen vom Grill, ausgelassene Stimmung, lautes Lachen.

Zu einem viel späteren Zeitpunkt in meinem Leben verrät mir Albert, dass er es immer noch nicht glauben könne, dass er damals bei seinem Besuch bei uns in Mexiko tatsächlich delinquente Personen bekocht und sich mit diesen bestens unterhalten hätte. Hätte er das dann schon gewusst, hätte er sich vor Angst bestimmt in die Hosen gemacht.

Natürlich wollen Corinne und Albert die Gegend erkunden, und so komme ich dank ihrem Besuch endlich dazu, meiner Passion für altertümliche Sehenswürdigkeiten zu frönen. Wir besichtigen die Pyramiden im nahegelegenen Xochicalco.

Ich bin fasziniert von den überwachsenen Ruinen und steige ehrfürchtig die Stufen so weit hoch, wie es erlaubt ist. Ich fotografiere viel, brauche nur schon für den ersten Teil des archäologischen Gebietes einen ganzen 36er-Film. Das ist es definitiv wert!

Die Sonne brennt erbarmungslos auf uns nieder, Milena ist im Tuch an Juan Carlos gebunden, dessen Stimmung bereits im Keller ist. Der Schweiss tropft uns allen von der Stirn, das Schuhwerk von Mama Tere ist nicht gerade zweckmässig. Und mit einem vernichtenden Seitenblick zu mir wettert Juan Carlos: »Welcher Idiot hat vergessen, das Trinkwasser einzupacken?« Corinne kapiert sofort, dass zwischen Juan Carlos und mir der Segen extrem schief hängt und viel kaputtgegangen sein muss.

Obwohl wir beide und Albert gerne weitermarschiert wären um die weiteren Bereiche zu besichtigen, unterbricht sie die sich stets verselbstständigende negative Dynamik mit ihrem Vorschlag. Sie lädt uns mit fröhlich gespielter Unwissenheit in das nächstgelegene Dorf zu einem kühlen Getränk unserer Wahl, einem Eis und einen feinen Espresso – den lässt sich Corinne auch bei der grössten Hitze nicht nehmen – ein.

Schade, dass wir unseren Entdeckerdrang und Wissensdurst so schnell unterbinden mussten. Dennoch bin ich dankbar für diesen Ausflug, der mir wenigstens einen Einblick in die mich so faszinierende Welt gewähren liess.

Corinne realisiert, dass wir in Geldnöten sind. Sie bietet mir an, für das Entwickeln sämtlicher Filmrollen, die sich seit unserer Ankunft in meiner neuen Heimat angesammelt haben, aufzukommen. Ich lehne kategorisch ab, dies lässt mein Stolz nicht zu. Oder ob sie sie mitnehmen, in der Schweiz entwickeln lassen und mir dann eingescannt schicken soll? Ich winke dankend ab. Wir haben doch gar kein Internet respektive sind immer noch nicht angeschlossen.

Die drei Tage vergehen viel zu schnell. Wir fahren Corinne und Albert in die Hauptstadt an den Flughafen, wo wir uns wie vorher abgesprochen schnell voneinander verabschieden, um eine Heulerei möglichst zu vermeiden. Milena kriegt von meiner Freundin einen letzten Kuss auf die Wange, dann eilen sie und ihr Freund schnell durch die Passkontrolle.

Ich schlucke einige Male, kämpfe mit den Tränen. Verdammt – wieso tut das immer so weh, einen geliebten Menschen ziehen zu lassen?

In der Schule habe ich schnell guten Kontakt zu den Schweizerinnen, die hier als Lehrerinnen arbeiten. Schon nach kurzer Zeit werden mir die Unterschiede bewusst, ob eine Lehrperson als »expat« hier eine Stelle auf Zeit angenommen hat oder eben als »resident abroad« mit dem Lehrerjob den Lebensunterhalt bestreitet. Finanziell besteht zwischen diesen beiden Status eine gewaltige Diskrepanz.

Ich wurde als »in Mexiko wohnhaft« angestellt, verdiene entsprechend wenig und halte mich somit an die meinesgleichen. Besonders zur Kollegin, die Gestalten und Werken unterrichtet, baue ich eine engere Beziehung auf. Sie ist Schweizerin und kam vor über 30 Jahren nach Mexiko. Sie ist anfänglich zurückhaltend und wirkt misstrauisch. Als Neuling wende ich mich bei Fragen betreffend die zu unterrichtenden gleichen Fächer gerne an sie. Und sie steht mir als Koryphäe gerne mit Rat und Tat zur Seite.

Sie öffnet sich mir gegenüber aber durch die Tatsache, dass meine persönliche Geschichte sie an ihre eigene erinnere. Das sei für sie wie ein düsteres déjà-vu. Aus Rücksicht auf ihre Privatsphäre gebe ich keine Details ihrer Geschichte preis. Es sei hier nur erwähnt, dass sie zu meiner wichtigsten Bezugsperson wird und uns bis heute eine grossartige Freundschaft verbindet.

Es ist Mai 2004: Eine der Schweizer Lehrerinnen bietet mir an, mich nach der Arbeit mit ihrem Käfer Cabriolet nach Hause zu bringen. Sie habe nichts vor – wie eigentlich immer nach der Arbeit – und sie würde gerne einen Ausflug aufs Land unternehmen.

Ich bin verunsichert, was ich sagen soll. Die Schweizerin in mir sagt: ‚Hey, danke für dein Angebot! Das nehme ich gerne an. Klar doch, super!' Mein bereits an die mexikanische Verhaltensweise adaptiertes alter ego aber sagt: ‚Sorry, ich kann dich leider nicht einfach so zu uns einladen, ohne erst meinen Mann gefragt zu haben.'

Ich zögere, ärgere mich über genau dieses Zögern und sage schliesslich: »Das ist doch eine tolle Idee. Ich muss dich einfach vorwarnen, wir leben in ärmlichen Verhältnissen. Bitte erwarte nicht zu viel.«

So kommt also an jenem Mittwochnachmittag eine Arbeitskollegin mit mir nach Alpuyeca – es wird bei dieser Ausnahme bleiben.

Wofür ich ihr ewig dankbar bin ist die Tatsache, dass sie mit ihrer Digitalkamera ein Foto von Milena in ihrem geliebten Laufgestell geschossen hat – dies wird das erste und einzige Foto von Milena in Mexiko sein. Da wir nach wie vor nicht über einen funktionierenden Computer geschweige denn Internetanschluss verfügen, bitte ich sie um den Gefallen, dieses Foto meinem Bruder per Mail zu schicken, sodass meine Familie wenigstens mal auf diesem Weg meine Tochter sieht.

Milena fährt mit ihrem Laufgestell nicht nur im Wohnzimmer umher. Sie liebt es, auch im Garten hinter dem Haus im Sitz des mit Rädern versehenen Gestells und mit den Füssen beschleunigend die Gegend zu erkunden.

Ich bin gerade damit beschäftigt, beim Hühnergehege das kaputte Gitter zu flicken, als ich ein wiederkehrendes Geräusch, das sich wie niederprasselnder Regen anhört, wahrnehme. Ich blicke auf und traue meinen Augen nicht: Da bewerfen doch tatsächlich die Nachbarskinder meine Milena durch den Zaun hindurch mit Dreck!

Ich haste hinzu, werfe mein gesamtes pädagogisches Repertoire über den Haufen und herrsche die Kinder an, sie sollen sofort damit aufhören. Milena sei noch ein kleines Kind, das ihnen nichts zuleide getan hätte und sich zudem noch nicht wehren könne. Das grösste Mädchen, nicht älter als zehn Jahre, erdreistet sich die Antwort: »Milena ist weiss. Sie wird nie mit uns spielen dürfen.«

Kochend vor Wut und sprachlos über so viel Ignoranz und anders-artige Erziehung erlebe ich die traurige Bestätigung: Rassismus beginnt im Alltag. Will ich wirklich, dass mein Kind in solch arm- und feindse-ligen Verhältnissen aufwächst? Welches sind hier ihre Entwicklungs-möglichkeiten? Wäre es nicht besser, mein Kind in der Schweiz aufzu-ziehen?

Hinzu kommt die permanente Geldknappheit. Nein, seien wir ehrlich: wir sind in Geldnot!

Mein Verdienst von 600 Pesos pro Monat muss für die Versorgung von zehn Personen reichen. Das aus der Schweiz mitgebrachte Vermö-gen aus meiner Pensionskasse ist für kostenintensive und aussichtslose Tierzuchtvorhaben, zweifelhafte und gescheiterte Geschäftsideen, du-biose und verlustträchtige Machenschaften und schliesslich bei planlo-ser Materialbeschaffung für den Hausbau und Lohnzahlungen für nicht wirklich arbeitende Kumpels draufgegangen.

Meine diesbezüglich geäusserten Bedenken versucht Juan Carlos mit einer simplen Handbewegung wegzuscheuchen: Hier seien alle verschuldet, würden Geld von den Nachbarn borgen oder im Dorfla-den auf Pump kaufen. Dafür gibt es in Mexiko sogar eigens einen Aus-druck: hacer una tanda. Das funktioniert wie ein Kreditwesen: Wenn du z.B. 1000 Pesos für die Anschaffung eines Autos brauchst, fragst du diverse Leute an, die dir je nach Möglichkeit einen bestimmten Betrag leihen. Dies machst du solange, bis du den benötigten Betrag beisammenhast. In der Reihenfolge, wie du die Leute angefragt hast, bezahlst du monatlich den jeweils geschuldeten Betrag zurück. Eben im Turnus – la tanda.

Aber das heisst doch nicht, dass wir das deshalb auch so handhaben sollen?! Wieso denn nicht? Weil das nie aufgeht – insbesondere nicht, wenn man wie Juan Carlos gerne gut lebt und vor allem gerne gut und viel isst.

Ich staune über mich selber und weiss nicht, woher ich den Elan hernehme und Juan Carlos bei einer weiteren Geschäftsidee unterstütze. Er will jetzt jeweils am Wochenende Cochinitas und Tacos aller Art verkaufen. Eigentlich clever, da Juan Carlos damit zwei seiner Leidenschaften, nämlich das Kochen und das Essen, verbindet. Prinzipiell ist ein gewisser Erfolg damit nicht unrealistisch – vorausgesetzt, er bleibt diszipliniert dran.

Eifrig erzählt er von einem Lokal an der Hauptstrasse, welches er bereits habe mieten können. Ich bin vom baufälligen und heruntergekommenen Gewerberaum nicht überzeugt. Also verpasse ich als praktisch veranlagte und handwerklich nicht unbegabte Frau dem Innenraum und der strassenseitigen Fassade einen frischen Anstrich in strahlendem Weiss und bringe den mit Juan Carlos vereinbarten Schriftzug – ich weiss nicht mehr, welchen Namen wir dem Geschäft gegeben haben – in grossen Lettern an.

Während den nächsten zwei Monaten ist Juan Carlos nun jeweils ab Mitte der Woche damit beschäftigt, ein Schwein preiswert zu erstehen, welches er dann am Freitag im Hinterhof tötet. Das schaurige Quieken der Tiere, welche den Todeskampf verlieren, geht durch Mark und Bein. Jedes Mal dringt diese grässliche Geräuschkulisse an mein Ohr und in meinen Körper, erfüllt mich mit blankem Entsetzen und scheint mich in den Wahnsinn zu treiben. Ich ertrage es nicht.

Wenn ich dann am folgenden Morgen zu früher Stunde auf den Patio rausgehe, um bei den Hühnern nach dem Rechten zu sehen, muss ich aufpassen, dass ich mich nicht in der an der Wäscheleine aufgespannten Haut des getöteten Tieres verheddere oder über einen der vielen Eimer, die das von den aufgehängten Fleischteilen abtropfende Fett auffangen, stolpere. Bei diesem Anblick wird mir übel. Ich solle mich nicht so haben, das gehöre nun mal dazu, wenn man Tacos verkaufen wolle. Allerdings will das ja nicht ich, sondern er.

Für unsere Versorgung dienen natürlich auch unsere Hühner. Diese zu köpfen, ihnen beim kopflosen letzten Weiterrennen, bis der Tod sie ereilt, zusehen zu müssen und sie im Anschluss noch zu rupfen schaffe ich nicht. Diese Tiere sind bei mir im Brutkasten geschlüpft, ich habe sie grossgezogen. Mama Tere nimmt davon mit einer hochgezogenen Augenbraue Kenntnis, übernimmt also die »Drecksarbeit« und überlässt mir dann die Zerlegung.

Mit jedem Schlag des Beils, den ich auf das Huhn niedersausen lasse, erscheint es mir als würden meine Gefühle beschnitten, zerstückelt, abgestumpft, taub.

Milena indes scheint diesbezüglich gar keine Mühe zu haben. Sie liebt es, zusammen mit ihrem Vater die an der Strassenecke angebotenen gekochten Hühnerfüsse abzuknabbern und deren kleinen Knöchelchen auszusaugen. Eine hiesige Spezialität, die ich zuvor nicht kannte und die zu probieren ich mich nicht überwinden kann. Ich kann ihr dabei kaum zusehen, es widert mich an.

Auch die Tatsache, dass Milena schon im zarten Alter von ein paar Monaten von ihrem Vater Coca-Cola zu trinken bekommt, macht mir grosse Sorgen. Seit der Rückreise von San Miguel de Allende, als wir zur Hochzeit eingeladen waren, ist sie auf das zischende Geräusch einer Flasche, die geöffnet wird, schon dermassen konditioniert, dass meine kleine Tochter davon sogar aus dem Mittagsschlaf aufwacht.

Ich frage mich ernsthaft und mit wachsender, grosser Angst: Ist das wirklich das Leben, das ich mir für mich und vor allem für meine Tochter vorgestellt habe? Wie geht das weiter? Wie kann ich mir und meiner Tochter ein menschenwürdigeres Dasein ermöglichen?

Wie schon so oft zuvor erlebt hält Juan Carlos' Euphorie nicht lange an. Schon nach sechs Wochen wird es ihm zu anstrengend, jede Woche eine Sau zu schlachten und alles vorzubereiten, um am Samstag und Sonntag seine wirklich feinen Tacos zu verkaufen. Schade, er hätte sich damit ein solides Einkommen sichern können. Einmal mehr ist also ausser Spesen nichts gewesen...

Ich bin äusserst sparsam mit meinen persönlichen Ausgaben, fahre mit nur noch zwölf Pesos im Sack für die Hin- und Rückfahrt mit dem Bus nach Cuernavaca zur Arbeit. Ich ernähre mich seit Monaten nicht richtig, esse wenig und nehme als Mittagessen harte Tortillas, welche eigentlich den Schweinen verfüttert werden, mit in die Schule.

Erste Mangelerscheinungen machen sich bemerkbar. An meinen Fingerknochen bilden sich Knoten, welche auf Calcium-Mangel zurückzuführen sind. Meine Tochter hat sich durch die Muttermilch alles genommen, was sie braucht. Im Alter von 33 Jahren leide ich an Jugend-Arthritis.

Bei Schulanlässen bemerke ich, dass sich einige Lehrpersonen Sorgen um meine Gesundheit und meine Befindlichkeit machen. Zwei, drei meiner Arbeitskolleginnen äussern mir gegenüber erstmals auch unumwunden Bedenken betreffend Juan Carlos: Er sei eben voll der

Macho, halt typisch mexikanisch, und er hätte etwas Triebhaftes an sich. Dies sei aus seinen Gesichtszügen zu lesen.

Klare Worte – und sie haben ja recht. Nur, hören will ich das nicht.

8. Trátame bien! – Frauenrechte

Es ist Sommer 2004: Kurz vor den Schulferien kommt eine Schnupperschülerin ans Colegio. Von ihrer Mutter, einer ausserordentlich hübschen und freundlichen Mexikanerin, erfahre ich, dass der Vater Schweizer war und kürzlich bei einem Unfall mit seinem Kleinflugzeug tragisch ums Leben kam.

Wir verstehen uns auf Anhieb. Sie wohnen in Tequesquitengo, also bloss etwa 15 Minuten Autofahrt von Alpuyeca entfernt. Nach Schulschluss bietet sie mir an, mich mit dem Auto mitzunehmen und nach Hause zu fahren. Spontan sage ich zu. Während der ganzen Fahrt plaudern wir beide wie Wasserfälle, wir bedürfen keiner Anwärmzeit. Ich fühle mich mit dieser jungen Frau verbunden, die mich mit ihrer unkomplizierten, quirligen und lebensfrohen Art fasziniert.

Als wir in Alpuyeca ankommen, stelle ich Mama Tere und Juan Carlos meine neue Freundin Araceli vor. Wie üblich bittet man die Gäste ins Haus, bietet etwas zu trinken an und tauscht sich höflich aus. Ich bin wie auf Nadeln: wie wird Juan Carlos dieses Mal reagieren? Wird es wieder bei diesem einmaligen Besuch bleiben?

Zu meinem Erstaunen muss ich feststellen, dass hier ein Unterschied gemacht wird, ob es eine Landsmännin oder eben eine Ausländerin ist. Das ist Rassismus, einmal umgekehrt.

Ich wäge sorgfältig ab, ob ich mich dazu äussern soll. Ich entscheide mich dagegen und schweige. Lieber mache ich mir diese Tatsache zunutze, denn sie eröffnet mir neue Möglichkeiten. Mit Araceli darf ich abmachen, sie ist Mexikanerin.

Ich darf sie in Tequesquitengo besuchen um ihrer Tochter Nachhilfeunterricht zu geben. Auch wenn Juan Carlos mich und Milena jeweils mit dem Auto hinbringt und uns nicht einen Moment aus den Augen lässt, so ist er nach den ersten Nachmittagen eher gelangweilt und lässt uns in der Folge alleine bei Araceli, ihrer Tochter und ihren Eltern, und holt uns erst am Abend wieder ab.

In diesen geschenkten Momenten sprechen Araceli und ich viel über uns und unsere Geschichten. Sie hat Juan Carlos' und meine Situation schon beim ersten Treffen in den Grundzügen erfasst und macht mich in unseren Gesprächen auf co-dependencia, also die Mit-Abhängigkeit, aufmerksam.

Dieser Blick von aussen auf meine bereits so verstrickte Situation ist schmerzlich. Als Mensch, der lieber hinschaut und die Dinge gerne direkt anspricht, tut es mir aber auch gut. Irgendwie schafft es Araceli, mir jeweils die verträgliche Dosis in den richtigen Zeitabständen zu verabreichen. Sie gibt mir auch ein Buch zu diesem Thema zur Lektüre mit, welches ich gut verstecke und auf meinen Busfahrten nach Cuernavaca lese.

Es tut was mit mir, ich stelle diese vertrackte Beziehung in Frage. Ist das überhaupt eine Beziehung? Ist das nicht eine totale Abhängigkeit? Nicht finanziell – da bin ich ja diejenige, die alles trägt… Nein, ich meine die emotionale Abhängigkeit. Je nachdem, in welcher Stimmung er ist und ob er mit Drogen vollgepumpt ist oder nicht, nimmt unser Zusammenleben, unser Alltag, die momentane Situation diese oder jene Richtung – stets nicht voraussehbar. Also bin ich doch mit-abhängig von seiner Sucht, obwohl ich nichts damit am Hut habe.

Diese Erkenntnis ist für mich eine Schlüsselstelle. Bin ich mitschuldig, weil ich nichts dagegen unternommen habe? Habe ich das etwa nicht? Oder waren meine Versuche zu wenig dezidiert? Was kann ich denn jetzt noch tun? Unzählige Fragen und Gedanken jagen sich in meinem Kopf. Ich bin aufgewühlt und erschöpft.

Araceli holt mich am Sonntag ab, wir fahren gemeinsam in den Gottesdienst. Sie fragt mich, ob ich Lust hätte, mit ihr ans Meer zu fahren. Sie besitze in Ixtapa, einem Ort an der Küste des Pazifiks welcher ungefähr 160 km von Acapulco entfernt ist, ein kleines Häuschen am Strand. Und ausserdem könnten wir bei Freunden von ihr wohnen. Das ist doch genau das, was ich jetzt dringend nötig habe!

Doch, wie soll ich das Juan Carlos beibringen, dass ich mit Milena wegfahren will? Unser Plan, dass Araceli und ihre Eltern ihn um Erlaubnis fragen, geht voll auf. Dennoch meint er abschätzig, es sei schon unglaublich, dass ich »Ferien« brauche, während er zuhause weiterschufte. Und wer das dann bezahlen solle…

Die erste Bemerkung lasse ich unkommentiert im Raum stehen. Zur zweiten mache ich ihn darauf aufmerksam, dass ich ja über ein regelmässiges Einkommen und somit auch über die nötigen finanziellen Mittel verfüge. Von Mama Tere kriege ich Schützenhilfe: Das würde mir guttun. Und so sähe ich doch auch etwas vom Land… Zudem sei ich mit einer Mexikanerin unterwegs – also kein Grund zur Sorge.

Nur schon die Autoreise über etwa 300 km ist abenteuerlich und unvergesslich. Wir wechseln uns am Steuer ab. Mir schiesst der Gedanke an das Roadmovie mit Kultstatus »Thelma & Louise« durch den Kopf. Nun ja, wir können bei unserer Version ja den Schluss neu schreiben.

Der Weg führt uns erst durch wild-romantische gebirgige Gegenden, dann durch flacher werdendes Gelände und schliesslich an die Küste. Ich bin überwältigt vom Anblick, der sich mir bietet: Einer klischeehaften Postkarte gleich liegt der pazifische Ozean in Türkisblau vor uns, vorgelagert der beinahe weisse feinkörnige Sand, das Ganze umrahmt von Palmen aller Art in sattem Grün. Dieser Anblick entschädigt mich für das nie besuchte Acapulco.

Die tropische Hitze mit der hohen Luftfeuchtigkeit macht selbst mir, wo ich doch warme und heisse Temperaturen liebe, zu schaffen. Die sich tagsüber jeweils aufstauende Schwüle lässt uns bis tief in die Nacht schwitzen und mit den Moskitos kämpfen. Erst wenn sich diese Hitze in heftigen Gewittern mit damit einhergehenden sintflutartigen Niederschlägen entladen hat, finden wir ein paar Stunden Schlaf.

Bei unseren täglichen, ausgedehnten Spaziergängen am Strand lernt Milena das Meer kennen. Sie quietscht vergnügt, wenn die Wellen sie umspülen, während ich sie auf meinen Armen bäuchlings in das salzige Wasser eintauche.

Eines Nachts fällt über Stunden extrem starker Regen, wodurch der Boden aufgeweicht und weggespült wird. Die Bauweise respektive die Vorschriften hier sind nicht zu vergleichen mit denjenigen in der Schweiz. So ist es für die Bewohner hier nicht wirklich aufregend, dass Teile von Behausungen keinen Halt mehr haben und somit vorübergehend verlassen werden müssen. So finden auch wir Unterschlupf bei Aracelis Freunden.

Ich frage vorsichtig nach, wie das nun mit den Reparaturarbeiten aussehe. Ob jetzt beim Wiederaufbau z.B. die Wände in einem Fundament verankert werden könnten? Nein. Es fehle an Geld – und der Einsicht. Wieso etwas ändern, wenn es doch andersrum schneller geht und erst noch weniger kostet? Dass aber das Haus wahrscheinlich nach jeder Regenperiode ausgebessert oder sogar wiederaufgebaut werden muss, wird in Kauf genommen.

Diese Denkweise kapiere ich nicht – und werde sie nie verstehen.

Unsere Rückfahrt treten wir nachts an. Fast während der gesamten Strecke sitze ich am Steuer und versuche angestrengt, durch den niederprasselnden Regen, der sich wie ein Vorhang vor unser Auto schiebt und mir die Sicht beinahe komplett verwehrt, den Strassenverlauf zu erkennen. Die Schwellen, die der Tempodrosselung dienen, sehe ich einige Male zu spät. Araceli mahnt mich, langsamer und vorsichtiger zu fahren, sonst würde der Unterboden ihres Autos noch beschädigt werden.

Eigentlich freue ich mich, Juan Carlos wiederzusehen. Ich bin sicher, dass dieser Abstand uns beiden gutgetan hat.

Ich habe natürlich auch in Ixtapa mit Araceli und ihren Freunden viel über die mich beschäftigende Thematik gesprochen. Ich will gewisse Dinge nicht mehr einfach hinnehmen, diese offen ansprechen und vor allem auf meine Rechte pochen. Ich will ihm aber auch aufzeigen, dass ich unter diesen wenigen und – mit gesundem Menschenverstand betrachtet – selbstverständlichen Bedingungen gewillt bin, unsere Beziehung weiterzuführen.

Bei unserer Begrüssung und Umarmung habe ich das Gefühl, dass sich auch Juan Carlos freut. Definitiv immens grosse Freude zeigt er, als er Milena in seine Arme nimmt: »Como estás, mi trompudita? Me extrañastes? Yo te extrañé muchisimo!« Ja, er liebt seine kleine Tochter wirklich sehr.

Nach meiner innerlichen Auslegeordnung möchte ich alles sachte angehen und erst wieder abtasten, wie ich mich in der Nähe dieses Mannes fühle. Er allerdings lässt mir weder Raum noch Zeit. Ich sei seine Frau und habe ihm Folge zu leisten.

In dieser Nacht werde ich von Juan Carlos gegen meinen Willen zum Beischlaf gezwungen. Während er sich hart und brutal Befriedigung verschafft, verkommt der von mir einst so sehr geliebte Mann zu einer abscheulichen Bestie mit furchteinflössender Fratze.

Ich fühle mich elend. Meine neu gewonnen geglaubte Zuversicht ist komplett weggefegt. Wie um Himmels Willen sollen wir unter solch archaischen, brutalen, frauenverachtenden Vorzeichen an einer gemeinsamen Lösung arbeiten können?

Juan Carlos äussert unmissverständlich deutlich, dies sei alles nur Aracelis Schuld. Bevor sie aufgetaucht sei, sei unser Leben in Ordnung gewesen. Mit ihren Fragen und dem Buch, das sie mir zum Lesen gegeben habe, habe sie mich schlecht beeinflusst und unser Klima vergiftet.

Ich erwidere ungehalten, er solle doch unser Problem nicht auf andere Leute schieben. Es sei ja wohl bloss eine Frage der Zeit gewesen, dass ich nicht mehr so weitermachen könne und wolle. Und dieser Zeitpunkt sei jetzt gekommen.

Ich wolle mich von ihm trennen. Ich könne in Tequesquitengo bei Aracelis Eltern einen zweigeteilten Raum mit separater Dusche/WC mieten. Ich müsse nur noch zusagen.

Dass ich einen Plan B aushecken und Unterstützung von hiesigen Leuten kriegen würde, damit hat er nicht gerechnet. Konsterniert hält er kurz inne. Er wähnt sich dennoch am längeren Hebelarm und meint herausfordernd, ich solle doch gehen. Wir würden dann ja sehen, wie lange ich ohne seine Hilfe für Milena sorgen könne.

Ich lasse ein paar Tage verstreichen, ohne dass ich etwas unternehme. Als dann an einem Vormittag Juan Carlos das Haus verlässt, um seinen üblichen undurchsichtigen Machenschaften nachzugehen, telefoniere ich mit Araceli, die mich gleich darauf abholt. Mama Tere informiere ich, dass ich und Milena den Nachmittag in Tequesquitengo verbringen werden.

Nur ein paar Stunden später fährt Juan Carlos prompt vor und bittet um Einlass. Mein Herz schlägt bis zum Hals. Es ist das Anwesen von

Aracelis Eltern – mein Schicksal liegt also in deren Händen. Die Eltern beruhigen mich und versprechen, dass sie stets in meiner Nähe bleiben würden. Sie öffnen die Türe und bitten Juan Carlos herein.

Was nun passiert, geschieht sonst eigentlich nur in Telenovelas.

Obwohl wir uns auf fremdem Terrain befinden, macht mir Juan Carlos eine Riesenszene und bedient sich dafür sämtlicher Register. Erst versucht er es auf die Macho-Tour und beschimpft mich, befiehlt mir, sofort mit ihm mitzukommen. Ich fasse meinen ganzen Mut zusammen und erkläre ihm unter Bestärkung von Aracelis Eltern, dass mir genau dieses sein Gebaren Angst mache und ich daher nicht mit ihm nach Hause gehen werde.

Da beginnt er zu weinen. Er entschuldigt sich für alles, was er mir angetan hat. Er wolle doch, dass ich zurückkomme, dass wir nochmals von vorne beginnen könnten und die schöne Familie sein würden, die wir uns immer erträumt haben und wovon wir nur wenig entfernt seien. Ich traue meinen Augen nicht und glaube, mich verhört zu haben. Ich weigere mich, führe die längst bekannten Gründe erneut an.

Als er merkt, dass diese Masche auch nicht zieht, greift er zum Mittel der Ohnmacht. Er holt aus und will mich schlagen. Sofort intervenieren Aracelis Eltern: Er solle die Contenance bewahren. Wenn nicht, sei er auf ihrem Grundstück nicht mehr willkommen.

Juan Carlos besinnt sich, schlägt einen vernünftigen Ton an und bittet um Entschuldigung. Mir ist die ganze Sache so peinlich, dass ich letztendlich doch wieder mitgehe.

All die aus tiefstem Herzen kommenden Beteuerungen und farbigen Schilderungen unserer schönen Familie, die mir Juan Carlos während unserer Rückfahrt nach Alpuyeca offenbart, scheinen glaubhaft zu sein. Ich solle uns als Familie nochmals eine Chance geben. Wir bräuchten uns doch bloss wieder an unsere gemeinsamen Träume zu erinnern. Matt stimme ich zu.

Dennoch, zu oft wurde ich enttäuscht und habe schmerzlich erfahren müssen, dass die Realität eine andere ist. Ich bin einfach nur noch müde – unendlich müde.

Von nun an verbietet mir Juan Carlos, zu Araceli zu gehen. Wenn sie anruft und nach mir fragt, verleugnet er mich.

Ich bin mental zu schwach um aufzubegehren. Stumpf bemühe ich mich in den folgenden Wochen darum, aus Sicht von Juan Carlos alles richtig zu machen. Konflikten gehe ich aus dem Weg, weder durch Tat noch Wort biete ich Angriffsflächen. Ich verinnerliche die Rolle der umgänglichen Ehefrau und der liebenden Mutter, wobei letzteres meine einzige wahre Freude ist.

Woher der Sinneswandel? Ich weiss es nicht. Ob es daran liegen könnte, dass ich wieder schwanger bin?

Erupción – Befreiungsschlag

9. Perder los estribos – völlig ausgetickt

Es ist Sonntag, der 15. Oktober 2004. Heute feiert Sarah, die Tochter meiner besten Freundin Moni, ihren 15. Geburtstag. Ich sende einen stillen Gruss mit den besten Glückwünschen in die Schweiz.

Zu meiner grossen Überraschung fährt Araceli spontan mit dem Auto vor und fragt mich, ob ich mit ihr in den Gottesdienst kommen wolle. Ein guter Zeitpunkt, denn Juan Carlos schlug sich die Nacht ausser Haus um die Ohren und kann es mir nicht verbieten. Schnell mache ich Milena und mich startklar, trete aus dem Haus und eile auf das schmideiserne Tor zu.

Just in diesem Moment kommt Juan Carlos stockverladen nach Hause. Wohin ich gehen wolle? In den Gottesdienst. Mit wem? Mit Milena – und Araceli. Er hat das Auto schon bemerkt aber vermutlich in seinem Zustand nicht realisiert, wer am Steuer sitzt. Was dann passiert, geht alles blitzschnell.

Er packt mich mit seiner »gesunden« Hand an den Haaren und will mich Richtung Haus ziehen. Ich halte dagegen, obwohl meine Kopfhaut schmerzt. Ich erkläre mit ruhiger Stimme, dass er mich nicht aufhalten könne.

Grob entreisst er mir Milena und hält sie auf dem einen Arm, während er mich unter vielen Beschimpfungen, an deren genauen Wortlaut ich mich nicht mehr erinnere, zurück zum Haus zerrt. Ich stemme mich mit meinen Füssen mit aller Kraft dagegen, merke aber, dass ich gegen diese unbändige, durch Drogen und Wut freigelegte Kraft keine Chance habe. Ich strauchle. Ich spüre wie die sandige Erde meine Arme und Beine aufschürft. Er reisst mich wieder hoch, schimpft weiter bedrohlich auf mich ein, schleift mich über die vier steinernen Treppenstufen ins Innere des Hauses.

Araceli versucht, ihn mit klaren Worten zur Vernunft zu bringen. Unter messerscharfen Drohungen schickt er sie unmissverständlich weg.

Im Gebäudeinnern lässt er mich in der Mitte des Wohnraums am Boden liegen, Milena stellt er etwas abseits auf den Boden. Sie hält sich in der Küche am Ofen fest – sie ist knapp ein Jahr alt und kann noch nicht gehen.

Dann packt er mich erneut an den Haaren, zieht meinen Kopf hoch und schlägt ihn wieder auf den Boden – immer wieder. Ich schreie vor Schmerz. In seinem Drogenrausch steigert er sich in der Gewaltspirale weiter empor, verpasst mir Fusstritte in den Bauch – im Wissen, dass ich im dritten Monat schwanger bin.

Ich versuche, mit meinen Armen mein ungeborenes Kind zu schützen. Ich schluchze und brülle, nicht mehr nur vor Schmerz, sondern jetzt auch vor Wut.

Jedes Mal, wenn er meinen Kopf an den Haaren hochzieht, um mich danach mit der rechten Kopfseite wieder auf den Boden krachen zu lassen, blicke ich in die vor Angst und Schrecken weit aufgerissenen Augen meines schreienden Kindes, das die Welt nicht mehr versteht.

Welch entsetzliches Umfeld ist das nur, welches ich meiner kleinen Tochter zumute und in welches ich mein zweites Kind hinein gebären werde? Das kann so nicht weitergehen! Ich will nicht, dass meine Kinder so aufwachsen müssen!

In diesem Augenblick entscheide ich mich, einen Schlussstrich zu ziehen und bei der nächstbesten Möglichkeit zu gehen – endgültig.

Dies alles geschieht im Beisein der Familie. Mama Tere, Don Victor, Juan Carlos' Schwester Nora und ihr Ehemann sowie deren vier Kinder stehen im Halbkreis um uns herum und schauen tatenlos zu.

Warum greift denn niemand ein? Wieso hilft mir niemand? Es ist doch wohl offensichtlich, dass mir hier Unrecht geschieht! Wenigstens von den Frauen hätte ich mir Solidarität gewünscht. Ich darf aber von Mexikanerinnen nicht dieselbe Courage erwarten, welche meine Mamma vor knapp einem Jahr in San Miguel de Allende an den Tag legte, als sie in einer solch brenzligen Situation eingriff und verhinderte, dass Juan Carlos mich schlug.

Und ich kann auch niemanden für sein Verhalten verurteilen. Das ist halt typisch mexikanisch: man mischt sich nicht in die Angelegenheiten anderer ein.

Nach wenigen Minuten lässt Juan Carlos von mir ab. Die körperlichen Malträtierungen sind gravierend, die emotionalen Verletzungen irreversibel. Taub vor physischem und psychischem Schmerz rapple ich mich auf.

Ich weiss nicht, was nun zu tun ist. Ich will zum Telefonhörer greifen. Ich will in diesem Moment mit meiner Mamma sprechen. Mama Tere ist aber schneller beim Apparat, steckt das Kabel aus und nimmt das Telefon weg.

Diese Aktion scheint meinen Überlebenswillen zu brechen und in mir den letzten Funken Hoffnung zu löschen. Vor allem aber wird dadurch mein Respekt gegenüber dieser Frau, die mich doch sonst stets unterstützt hat, in diesem einen Augenblick zerstört.

Ich schleppe mich auf unser Bett und lege mich darauf – unfähig, einen weiteren Gedanken fassen zu können.

Juan Carlos schnappt sich Milena und fährt mit dem Auto weg.

Die Schmerzen in meinem Kopf pulsieren im Gleichklang mit meinem rasenden Herzschlag, auf dem rechten Ohr höre ich nur noch ein Pfeifen. Wenn ich den kleinen Finger meiner linken Hand bewege, spüre ich einen stechenden Schmerz. Dies alles ist mir egal.

Die brennendste Frage, die ich mir nicht selber beantworten kann, ist diejenige betreffend den Gesundheitszustand meines ungeborenen Kindes. Diese Sorge lässt mich wieder aufstehen.

Mechanisch richte ich mich auf, suche meine Sandalen und meine Handtasche, welche ich bei diesem Vorfall im Wohnraum verloren habe, und verlasse wortlos das Haus.

Mama Tere will wissen, wo ich hingehe. Ich bemühe mich, anständig zu bleiben und antworte ihr, dass dies nach diesen Geschehnissen meines Erachtens keine Wichtigkeit mehr habe. Am liebsten hätte ich ihr ins Gesicht geschrien, ob denn dies ihre Art sei, Solidarität und Dankbarkeit zu zeigen. Schliesslich habe ich ihr stets alles ermöglicht, was sie sich gewünscht hat. Wir Frauen müssen doch zusammenhalten! Was sie aber jetzt getan oder eben unterlassen hat, stufe ich als den grössten Verrat ein.

Mein Blick muss ihr dies unausgesprochen vermittelt haben, sie lässt mich ohne weitere Fragen widerstandslos und mit einem Gesichtsausdruck immenser Trauer gehen.

Ziellos schleppe ich mich durch die staubigen Strassen von Alpuyeca und schere mich nicht darum, von den Leuten angestarrt zu werden. Offensichtlich muss ich mit meinen zerzausten Haaren und der aufgeschlagenen rechten Kopfseite ein Bild der Misere abgeben.

Aber niemand hält mich an um zu fragen, was passiert sei oder ob man helfen könne.

Ich bleibe bei der Telefonkabine an der Hauptstrasse stehen, probiere eine Fernverbindung herzustellen. Keine Chance. Mein Kleingeld reicht nicht. Fieberhaft überlege ich, was ich nun tun soll.

Ich kann niemanden erreichen, ich weiss nicht ob mein Baby im Bauch unversehrt ist, ich weiss nicht wo meine Tochter ist, ich wurde eben vom Vater meiner Kinder erneut heftig verprügelt. Die Situation ist zum Verzweifeln! Ich fühle mich hilflos und alleine.

Die Eskalation ist schon dermassen fortgeschritten, dass ich um unser Leben fürchte. Wie geht es meinem Kind im Bauch? Wo ist Milena? Wie komme ich da raus? Ich muss weg! Bloss wie?

Ich schicke ein Stossgebet zum Himmel. Ich beschliesse, jetzt zurückzugehen und die Wogen sich glätten zu lassen.

Gleichzeitig manifestiert sich folgender Plan in meinem Kopf: Morgen werde ich beim Frauenarzt, bei welchem ich übermorgen sowieso einen Termin hätte, zur Kontrolle vorbeigehen, um den Gesundheitszustand meines Babys im Bauch prüfen zu lassen.

Ebenfalls werde ich in der Schule meiner Freundin von meiner Not erzählen und sie fragen, ob ich bei ihr Unterschlupf kriegen könne.

Und ich werde eine Liste von den Dingen, die ich bei meiner Flucht dringend mitnehmen muss, erstellen.

Nach meiner Rückkehr spricht kein Mensch das Geschehene an. Es wird gekocht und chismes ausgetauscht, als wäre nichts passiert. Juan Carlos kommt später mit Milena zurück. Mir fällt ein Stein vom Herzen.

Ich fürchte mich vor ihm, weil ich seine Reaktionen überhaupt nicht mehr vorhersehen oder abschätzen kann. Er meint nur, ich solle ihn doch bitte nicht mehr so provozieren. Hätte ich ihm gehorcht, wie dies meine Pflicht sei, wäre das nicht passiert. Und dies sei nun meine Schuld, dass unsere kleine Tochter so hätte weinen müssen.

Ich getraue mich nicht, zu antworten geschweige denn zu kontern, dass einzig und allein er dafür verantwortlich ist, dass Milena in frühester Kindheit ein solches Trauma erleben muss und sein noch ungeborenes Kind in meinem Bauch vielleicht bleibende Schäden davonträgt – oder noch schlimmer, stirbt.

Die Kontrolle beim Arzt, dem ich mich anvertraut und die wichtigsten Eckpunkte der gestrigen wüsten Szene erzählt habe, lässt mich aufatmen.

Das Kleine ist Gott sei Dank eine starke Natur, es ist nichts passiert! Keine andere Mitteilung könnte mich in diesem Moment glücklicher machen.

Mit Verlaub fragt mich der väterliche Arzt, wieso ich denn eigentlich ausgerechnet einen Mexikaner als Mann gewählt hätte, und dazu dann noch genau diesen? Er sähe eher einen älteren, reichen Amerikaner an meiner Seite. Nun gut, was soll ich darauf antworten? Ich entgegne nur: »Wer weiss denn schon, wohin die Liebe fällt?«

Tags darauf kommen Juan Carlos und ich wie abgemacht zur Kontrolle. Ich bin innerlich sehr nervös, spiele aber meine Rolle gut. Ebenso der Arzt, der dichthält, so dass Juan Carlos nichts von unserem geheimen Treffen des Vortags merkt.

Da die Schule bereits wieder begonnen hat, fällt es nicht weiter auf, dass ich wieder am Computer sitze und arbeite. Wie froh bin ich doch, dass sich Noras Ehemann letzten Sonntag darum bemüht hat, die lang herbeigesehnte Internetleitung zu legen. So kann ich nun doch wenigstens auf diesem Weg kommunizieren.

Ich schreibe eine Mail an meine Geschwister und meine treuen Freundinnen in der Schweiz. Ich erzähle kurz, was passiert ist. Ich informiere, dass ich innerhalb weniger Tage nicht mehr in Alpuyeca erreichbar sein und es irgendwie probieren werde, aus diesem Land zu kommen. Wie und wann wisse ich nicht, sie sollen sich aber keine Sorgen machen, ich würde das schon irgendwie schaffen.

Da meine Mamma keine E-Mail hat und ich ihr leider nicht telefonieren kann, bitte ich die Adressaten, diese Neuigkeiten ihr weiterzuleiten. Es zerreisst mir beinahe das Herz, dass ich nicht mit ihr persönlich sprechen kann. Aber meine Mamma ist stark. Sie hat mit mir schon so Vieles durchstehen müssen, sie wird auch in dieser Situation wieder Ruhe bewahren.

10. Chivearse - Fluchtplan

Am Dienstag erzähle ich im Lehrerzimmer mit zitternder Stimme, was mir am Sonntag widerfahren ist. Meine Kollegin, die Gestalten und Zeichnen unterrichtet, sowie eine weitere Aushilfslehrerin, ebenfalls Schweizerin, bieten mir bereitwillig Unterschlupf an.

Andere Lehrerkolleginnen tauschen nur vielsagende Blicke, die sinngemäss aussagen: ‚Ich hab's ja schon immer gewusst, dass das nicht gut herauskommt.' – ‚Ich hab's doch von Anfang an gesagt, dieser Mann hat etwas Triebhaftes an sich.' – ‚Ja, das ist jetzt eine doofe Situation, aber da hast du dich selber hineingebracht.' Das Schlimmste jedoch war die Aussage einer älteren Lehrerin, wieso ich denn das Baby, das ich erwarte, nicht abtreibe? Ich hätte ja schon ein Kind…

Ich sehe eine weitere Lebensweisheit bestätigt: Es gibt stets nur ganz wenige Menschen, denen du wirklich wichtig bist und auf die du tatsächlich zählen kannst.

Während dieser Woche konkretisiere ich jeweils auf den Busfahrten meinen Fluchtplan, ergänze die Liste über die wichtigsten Dinge, die ich einpacken muss, damit das Gepäck an Grösse und Gewicht nicht das Maximum überschreitet, und notiere Daten und Zeiten als bestmöglichsten Zeitpunkt zum Abhauen.

Am darauffolgenden Montag, meinem freien Tag, ist es soweit. Mama Tere fährt mit fertiggestellten Zahnprothesen in die Praxis ihres ältesten Sohnes nach Cuernavaca. Juan Carlos macht sich nach seinem späten Frühstück ebenfalls auf den Weg: »Voy a cobrar.« Dies ist meine Chance.

Jetzt muss es schnell gehen. Ich halte kurz inne. Besser warte ich noch eine Viertelstunde; nicht, dass er noch zurückkommt, weil er etwas vergessen hat. Das Herz klopft mir bis zum Hals.

Fieberhaft packe ich all die Dinge, die auf meiner Liste stehen, in den dafür vorgesehenen Koffer. Mit einem prüfenden Blick versichere ich mich, dass ich an alles gedacht habe. Die Kleinkindertasche ist ebenfalls fertig gepackt.

Wehmütig schweifen meine Augen ein letztes Mal durch den Raum und all die Erinnerungsstücke, die ich hier zurücklasse und nie mehr sehen werde.

Für einen kurzen Augenblick denke ich an Araceli, die ich seit jenem denkwürdigen Tag nie mehr gesehen habe. Sie hatte wohl kaum Interesse, sich und ihre Tochter meinetwegen unnötig in grössere Schwierigkeiten zu bringen. In Gedanken verabschiede ich mich von ihr und danke ihr dafür, dass sie mich aufgerüttelt hat und mich wieder auf meine Rechte besinnen liess.

Milena setze ich kurz in ihr Laufgestell und sage ihr, ich sei gleich zurück. Dann eile ich bis zur Hauptstrasse, rufe ein Taxi und fahre gleich mit vor das Haus.

Schnellen Schrittes hole ich den grossen Koffer, um ihn im Taxi zu verstauen. Bei meinem letzten Gang ins Haus hole ich Milena, hänge mir die Tasche um, mache die Tür hinter mir zu und schreite zum Tor auf die Strasse.

In diesem Moment bemerke ich, dass Angelica, Juan Carlos' Schwägerin, in ihrem Garten steht und mich beobachtet. Angstschweiss schiesst aus meinen Poren. Wir sprechen kein Wort, wir nicken uns nur kurz zu. Schnell steige ich ins Taxi ein und nehme mit Milena Platz auf dem Rücksitz.

Was wenn Angelica nun alles erzählt? Nein, das wird sie höchstwahrscheinlich nicht tun. Sie hat kein gutes Verhältnis zu Mama Tere und Juan Carlos. Ich kann nur hoffen, dass sie mich nicht verrät und allfällige Fragen in der ihr eigenen falschen und hinterhältigen Manier beantwortet.

Ich zwinge mich zu einem ruhigeren Puls und sage dem Chauffeur so unbeschwert wie möglich, dass er uns bitte nach Cuernavaca zum Carparkplatz bringen wolle. Aha, geht es auf Reisen?

Im Rückspiegel registriere ich die hochgezogene Augenbraue des Fahrers und den eindringlichen Blick. Hier kennt jeder jeden. Jeder weiss, dass ich die Frau von Juan Carlos bin. Um ihm kein leichtes Spiel zu machen, muss ich dringend unsere Spuren verwischen.

Mit gespielter Lockerheit bejahe ich: meine Familie wolle meine Tochter kennenlernen. Das ist schon mal gut, wenn dieser Mann danach dieses Gerücht in Umlauf setzen wird. Beim Carparkplatz angekommen, bezahle ich und tue so, als ob wir tatsächlich beim Car nach México D.F. einchecken würden. Im Augenwinkel beobachte ich unser Taxi, das nach ein paar Minuten wieder wegfährt.

Ich warte noch ein paar Minuten, dann begebe ich mich langsam mit Milena und unserem Gepäck zurück an den Taxistand. Wir besteigen das nächstbeste Fahrzeug und lassen uns an die Wohnadresse der Aushilfslehrerin bringen.

Ihr herrschaftliches Anwesen ist umzäunt und vielfach abgesichert. Ich drücke die Klingel, ich melde uns an, das Tor geht automatisch auf.

Die ältere Dame empfängt uns herzlich und bietet uns für die folgenden fünf Tage lange entbehrten Komfort. Wir dürfen in einem eigenen Zimmer hausen und ein eigenes Badezimmer mit Badewanne benützen. Das Ehepaar lässt uns zusammen mit ihren Gästen fein essen. Die Wäsche wird von einer Waschmaschine gewaschen. Die freie Zeit dürfen wir auf dem weitläufigen Umschwung im Garten unter grossen Palmen geniessen.

Ich kann es noch nicht begreifen, dass ich wirklich den Schritt getan und Alpuyeca mit Juan Carlos und all den unüberwindbaren und unlösbaren Problemen tatsächlich hinter mir gelassen habe.

Das erste Mal seit langer Zeit schlafen Milena und ich tief und fest.

Wie vereinbart kommt uns am Wochenende meine Lehrerkollegin mit dem ganzen Gepäck abholen. Sie beherbergt uns von nun an in ihrem charmanten Künstlerhaus in der Colonia Loma Linda.

Wir sitzen zusammen auf der Veranda oder im verwunschenen Garten, der eine wahre Farbenpracht ist. Bugambilias mit ihren fuchsiafarbenen und weissen Blüten säumen den Patio, die am Beckenrand des Swimmingpools wildwachsenden Strelizien gleichen tatsächlich orangefarbenen Paradiesvögeln mit dunkelblauen spitzen Schnäbeln, weiter hinten stehen zwei typische Pinien und bereits auf dem angrenzenden Grundstück einige Kiefern, deren Silhouette bei Sonnenuntergang mich an die filigranen Scherenschnitte in Appenzeller Tradition erinnern.

Hier kommen Milena und ich endlich zur Ruhe.

Ich werde mir meiner physischen Verletzungen bewusst. Das dritte Fingerglied meines kleinen Fingers an der linken Hand ist gequetscht – Juan Carlos ist mir während der wüsten Szene mit seinen Cowboystiefeln auf meinen Finger getreten. Das Nagelbett ist abgeknickt, der Fingernagel zeigt in einem unüblichen Winkel schräg nach oben.

Ich werde mich auch daran gewöhnen müssen, dass meine Hörfähigkeit auf dem rechten Ohr irreparabel beeinträchtigt ist.

Zusammen mit unserer Gastgeberin kann ich behutsam das Erlebte soweit ansprechen, wie ich in der Lage bin. Grosses Verständnis kann sie mir entgegenbringen, da ihre Geschichte eine ganz ähnliche ist, einfach vor über 30 Jahren erlebt.

Dank ihrer einzigartigen und selbstlosen Unterstützung kommt so etwas wie Normalität in unser Leben.

Ich arbeite immer noch regelmässig.

In einer nicht eben nahegelegenen Kinderkrippe, die mir von einer Arbeitskollegin empfohlen wurde, melde ich Milena an. Bis ein Platz frei wird, darf ich Milena der Partnerin eines Lehrerkollegen aus der Schweiz in Obhut bringen.

Nach vier Wochen geschieht dann der Wechsel, was sich aber auf Milena ganz schlecht auswirkt. Wenn ich sie an meinen Arbeitstagen frühmorgens zur Kinderkrippe bringe, schreit sie wie am Spiess, klammert sich an mich und blickt mich mit gross aufgerissenen Augen entsetzt an. Es bricht mir beinahe das Herz, aber ich muss arbeiten gehen.

Wenn ich sie am Nachmittag abhole, passiert es nicht selten, dass mich meine arme Kleine laut schreiend, mit rotem Kopf, total erhitzt und durchgeschwitzt empfängt. Sofort hängt sie sich an die mit Wasser gefüllte Trinkflasche, die ich dabeihabe.

Besorgt frage ich bei den Betreuerinnen nach, ob sie ihr denn auch genügend Flüssigkeit geben würden. Mit abschätzigem Blick bejahen stets alle. Ich habe Mühe, dies zu glauben.

Eines Morgens sind Milenas Augen total verklebt. Ich darf sie nicht in die Kinderkrippe bringen: Verdacht auf Bindehautentzündung.

Meine Freundin übernimmt es, mich in der Schule zu entschuldigen, ich fahre mit Milena in den seguro social.

Dies ist eine Institution, wo man sich als allgemein versicherter Bürger hinbegibt, wenn man ein gesundheitliches Problem hat. In diesem riesengrossen Gebäude geht man erst an den einen Schalter um sich anzumelden. Man kriegt eine Nummer mit Zuweisung, in welchen Trakt man gehen und warten muss.

Da sitze ich nun also mit meiner kranken Tochter und warte über drei Stunden, bis eine der vielen Türen aufgeht, eine Person in weissem Kittel erscheint und endlich unsere Nummer aufruft. Die konstatierte Augenentzündung kann mit Tropfen behandelt werden. Für diese Dienstleistung muss man nicht bezahlen, sie stellt jedoch die Geduld stets auf eine harte Probe.

Ich bin meiner Freundin aus tiefstem Herzen für alles dankbar. Sie begleitet mich auf meinen Wegen mit dem Auto, so oft es geht. Sie bestärkt mich, hilft mir mit Milena, zeigt mir wie der mexikanische Alltag einer alleinstehenden Schweizerin in Cuernavaca funktioniert.

Auf ihrem Computer kann ich via Mail wieder Kontakt zu meiner Familie und Freunden in der Schweiz aufnehmen. Ich darf von ihrem Telefon aus mit meiner Mamma telefonieren.

Milena lernt in ihrem Haus Treppensteigen. Milena klopft an ihre Zimmertüre, wenn sie eine Zurechtweisung von mir nicht goutiert, ruft laut nach „Oma Lata" und lässt sich von ihr trösten.

Am 6. November feiern wir Milenas ersten Geburtstag. Diesen Anlass feiern wir zu dritt: Mit dem Geld, das mir meine Mamma geschickt hat um ein Geschenk für Milena zu kaufen, lassen wir uns im Lieblingsrestaurant meiner Freundin bedienen und schmausen genüsslich eine richtig italienische Pizza.

Hier im Restaurant bei Mario macht Milena ihre ersten Schritte! Alle Gäste freuen sich mit, und Milena zeigt unter dem Klatschen wildfremder Personen ihre eben erlernte Errungenschaft wieder und wieder.

Ihr Geschenk, ein Töff aus Plastik, auf den sie sich setzen und damit umherfahren kann, wird ihr heissgeliebtes Spielzeug. Die aushängbare Box mit den farbigen Knöpfen, die – drückt man auf letztere – verschiedene Sirenen, Ruftöne und Liedteile abspielen, ist ihr absoluter Favorit.

11. Estar clavada – düstere Aussichten

Als ich meine Freundin in mein Vorhaben, Anzeige gegen Juan Carlos wegen Körperverletzung zu erstatten, einweihe, reagiert sie verhalten. Sie ermutigt mich zwar, bittet mich aber gleichzeitig ängstlich, sie auf keinen Fall da hineinzuziehen. Die Polizisten der policía judicial seien die schlimmsten, die korruptesten. Diese seien ja selber ehemalige Verbrecher, die vor nichts zurückschrecken würden. Wenn die erst mal ihre Wohnadresse wüssten, könnte diese Information Juan Carlos via Spitzel gegen eine anständige Summe Bargeld gesteckt werden. Nicht auszumalen, was uns dann alles passieren könnte. Ich verspreche, vorsichtig zu sein.

Ich erinnere mich noch an die Korridore und die kleinen Büros, wo ich bei einer Frau meine Anzeige aufgebe, welche sie schriftlich festhält. Nach einer längeren Wartezeit im Korridor werde ich von einem Polizisten nochmals befragt und um Personenbeschreibung gebeten. Diese noch nie erlebte Situation macht mich nervös, ich spüre das Blut in meinem Kopf rauschen. Ich muss das Geschehene im Detail beschreiben und mich möglichst präzis ausdrücken in einer Sprache, die nicht meine Muttersprache ist. Ob es an Juan Carlos etwas Auffälliges, ein eindeutiges Erkennungsmerkmal gebe? Nein, eigentlich nicht.

Beim Verlassen dieses sonst tunlichst gemiedenen Gebäudes befallen mich gemischte Gefühle. Der Typ, der mich befragte, könnte genauso einer der zwielichtigen Gestalten sein, mit welchen Juan Carlos seine krummen Geschäfte abwickelt. Ob die überhaupt nach ihm fahnden und ihn zur Rechenschaft ziehen werden?

Plötzlich befallen mich Zweifel und ich beginne den zurückhaltenden Zuspruch meiner Freundin betreffend diese Aktion zu verstehen. Hier existiert nicht eine Rechtsprechung, wie ich es mir von der Schweiz her gewohnt bin. Hier gilt das Gesetz des Überlebens: der Stärkere gewinnt, oder derjenige der am besten bezahlt. Ich bin verunsichert.

Was hält mich denn eigentlich genau noch hier? Ein Mann, der jeglichen Respekt vor mir und seinen Kindern verloren hat? Ein Job, mit dem ich unseren Lebensunterhalt bescheiden bestreiten könnte? Eine Wohnsituation, die nur vorübergehend ist? Ich gestehe mir ein, dass mein Abenteuer Mexiko nicht wunschgemäss abläuft und schon vor längerer Zeit eine Wendung genommen hat, die ich mir so nie erträumt hatte. Ich erkenne, dass die Rückreise in die Schweiz das Vernünftigste und das einzig Richtige ist.

Bei den telefonischen Erkundungen auf dem Passbüro erfahre ich, dass ohne Unterschrift von Juan Carlos kein Pass für Milena ausgestellt wird. Da wir nicht verheiratet sind, »gehört« Milena durch ihre Geburt in Mexiko nach mexikanischem Recht dem Vater. Verärgert und auch verzweifelt rufe ich die Schweizer Botschaft an. Die lassen mich mit der schroffen Antwort, sie könnten mir da nicht weiterhelfen, abblitzen. Jetzt erfühle ich am eigenen Leib, wie das sei… Diese Anspielung auf die unschöne Situation mit Juan Carlos' Sohn im Sommer 2003 bohrt sich wie ein Dolch mitten ins Herz. Wie soll ich jetzt bloss aus dem Land ausreisen können? Ich bin verzagt.

Ich will nicht klein beigeben und entschliesse mich, den Bruder von Juan Carlos in dessen Zahnarztpraxis in Cuernavaca aufzusuchen. Vielleicht kann Daniel seinen jüngeren Bruder zur Vernunft bringen?

Ihn überzeugen, dass er mir die Unterschrift für Milenas Pass gibt? Diesen Gedanken verwerfe ich gleich wieder. Ich bin Juan Carlos egal. Von ihm aus kann ich gehen, wann ich will. Aber Milena bleibt hier. Das hat er meiner Mamma schon vor bald einem Jahr bereits unmissverständlich kommuniziert.

Meine Freundin mahnt mich vor diesem Treffen, zu welchem ich auch Milena mitnehme, zu äusserster Vorsicht. Was, wenn der Bruder mir Milena gleich gewaltsam wegnimmt? Ich appelliere an dessen Verstand: Er sei wohl der Vernünftigste der Familie, der mit dem ganzen Klüngel nichts anfangen könne und sich auf seine Arbeit konzentriere – und wohl nicht zuletzt deswegen sehr erfolgreich ist.

Mit Herzklopfen betrete ich die Praxis. Die beiden fast erwachsenen Töchter des Bruders sind auch da und nehmen sich sofort Milena an. Daniel bekundet erst, dass es ihm leidtue, was ich alles erleben muss. Dann redet er Klartext mit mir. Ich solle so schnell wie möglich mit Milena in México D.F. untertauchen – da könne mich Juan Carlos nicht finden. Die Zeit laufe. Und wenn ich es nicht mache, würde Juan Carlos es tun – und dann würde ich meine Tochter nie mehr sehen. Das sind deutliche Worte. Ich versuche, mir deren Wirkung nicht anmerken zu lassen. Ich bedanke mich bei ihm und auch bei seinen Töchtern. Bei der Verabschiedung wünschen wir uns gegenseitig alles Gute – im Wissen, dass wir uns höchstwahrscheinlich nie mehr wiedersehen werden. Ich bin verzweifelt.

Meine Freundin ist ebenfalls aktiv geworden und hat mit einem ihr bekannten Anwalt gesprochen, der mich nun berät. Mir zuliebe will er das gratis machen. Ich erstatte also Strafanzeige.

Dass in Mexiko eine Frau einen Mann anzeigt, hat extremen Seltenheitswert. Daher warnen mich die Vermittler, dass dies für mich wohl kaum zufriedenstellend ausgehen wird.

Ich lasse mich dadurch nicht beirren und leite parallel dazu auch einen Zivilprozess ein. Schliesslich habe ich mein ganzes Geld aus der Pensionskasse in das Projekt Mexiko gesteckt. Die hunderttausend Franken waren innerhalb weniger als einem Jahr ausgegeben für An- und Ausbauten an Mama Teres Haus, für Tiere und deren Futter, für Baumaterial und Löhne für nicht arbeitende Kumpels – und für ganz viele undurchsichtige Geschäfte, von denen ich keine Ahnung habe. Auch hier wird mir von Beginn weg gesagt, dass dies aussichtslos sei.

Wenigstens im Strafprozess scheint es vorwärts zu gehen. Ich bekomme endlich den Termin beim DIF (defensa de la infancia y familia) für einen ersten Schlichtungsversuch.

Mein Anwalt und ich sind pünktlich vor Ort. Auch der Vertreter der policía judicial, der Typ der mich befragt hat, ist anwesend. Ich bin total nervös, schliesslich habe ich Juan Carlos seit über einem Monat nicht mehr gesehen. Ich habe Angst. Die Tatsache, dass wir uns in einem öffentlichen Gebäude der Behörde befinden, beruhigt mich ein wenig. Ich bin froh, sind die beiden Männer an meiner Seite. Wir stehen draussen im Innenhof und warten.

Mit grosser Verspätung erscheint er schliesslich. Ungepflegt und nach Alkohol riechend wankt er auf mich zu und fragt mich mit irrem Blick, wo Milena sei. Ich registriere sofort, dass er verladen ist. Wie kann er nur an einen so wichtigen Termin in einem solchen Zustand kommen? Mit rasendem Puls antworte ich so ruhig ich kann, dass Milena gut betreut sei. Auch Mama Tere erscheint. Sie doppelt nach, dass dies meine Pflicht sei, Milena ihren Vater sehen zu lassen.

Mein Anwalt ergreift da das Wort und meint, dass das Aushandeln genau solcher Punkte Gegenstand der heutigen Begegnung sei. Da jedoch die beschuldigte Partei fast eine Stunde zu spät erscheint und die Friedensrichterin bereits einen nächsten Termin wahrnehmen muss, kommt es nicht zum offiziellen Verfahren. Wir müssen einen neuen Termin ausmachen.

Unverrichteter Dinge will ich mich von Juan Carlos abwenden, da drückt er mir ein paar von Milenas Lieblingsspielzeugen in die Hand: Die drei Hühner auf der Holzscheibe, die abwechslungsweise picken, wenn man die Scheibe mit kreisenden Bewegungen schwingt; und ein Hündchen, das sich durch die sich entspannenden Gummifäden in den einzelnen Elementen lustig bewegt, wenn man den Holzstotzen im Sockel hochdrückt. Diese Geste berührt mich.

Auch Mama Tere richtet erneut das Wort an mich: ich solle doch vernünftig sein und zum Wohle des Kindes denken und handeln. Ich erwidere nur ihren Blick.

Mein Anwalt nimmt mich zur Seite. Ich müsse darauf nicht antworten. So trennen sich unsere Wege. Dass dies unsere letzte Begegnung gewesen sein sollte, ahne ich in diesem Moment nicht.

In einem der Büros im ersten Stock des Gebäudes macht sich mein Anwalt bei der Schlichtungsbehörde nochmals für meinen Fall stark. Ich warte auf dem offenen Laubengang.

Der Kriminalpolizist kommt auf mich zu und fragt, weshalb ich bei der Befragung Juan Carlos' fehlende Hand nicht erwähnt hätte? Das sei ja so ein markantes Erkennungsmerkmal! Stimmt… Ich antworte, dass dies für mich so zu ihm gehöre, dass es mir eben schon gar nicht mehr auffalle.

Wir wollen uns gerade verabschieden, als mein über die Strasse schweifende Blick Miguel am oberen Ende der Strasse erfasst. Auch am anderen Ende der Strasse erkenne ich einen weiteren Kumpel aus Alpuyeca, mit dem Juan Carlos immer wieder mal zu schaffen hatte. Mich packt das blanke Entsetzen: Juan Carlos passt mich mit seinen Killerkollegen in den Strassen ab! Ich flüstere dies dem Kriminalpolizisten zu und sage, dass ich jetzt wirklich Angst hätte. Dieser veranlasst, dass ich durch einen Hinterausgang unter Polizeischutz hinausbegleitet und auf Irrwegen mit mehreren Fahrzeugwechseln in die Nähe meines vorübergehenden Wohnortes gebracht werde. Ich bin verstört.

Schockiert muss ich zur Kenntnis nehmen, dass Juan Carlos mein Leben nichts, aber auch wirklich gar nichts wert ist und er vor nichts zurückschreckt. Ich komme ihm nicht mit der Durchsetzung der gesetzlich verankerten Rechte bei. Ich muss mit anderem Geschütz auffahren, sonst komme ich hier nicht lebend raus.

Von zwei alteingesessenen Lehrpersonen aus der Schweiz höre ich das erste Mal von diesem berüchtigten Viertel in México D.F., wo man Dokumente aller Art gegen eine stolze Summe fälschen lassen kann. Ohne lange zu überlegen wird mir klar, dass dies der einzige Weg für mich ist, zu einem Pass für Milena zu kommen. Ich frage, wer mich dorthin begleiten könnte? Als wäre ich in ein Wespennest getreten, winken beide vehement ab, dorthin würden sie nie gehen, da würde man gleich überfallen werden, da komme man nicht wieder lebend raus. Ich bitte sie, mir wenigstens den Namen dieses Viertels zu nennen. Ich muss dorthin, koste es was es wolle.

12. Depuración – unerwarteter Lichtblick

Es ist kurz vor Jahresende. In meiner Reflexion über mich und mein Leben muss ich erkennen, dass ich zu viele, nicht sauber beendete Geschichten mit mir herumtrage, welche mein Verhalten entscheidend beeinflussen und prägen. Mein Rucksack ist überfüllt und zu schwer geworden.

Ich habe das Bedürfnis, reinen Tisch zu machen und Altlasten zu klären, wo dies möglich ist. Abgeschlossenes soll in Frieden abgelegt und in Ruhe gelassen werden.

Anlässlich eines Telefongesprächs mit meiner Mamma, wo ich sie über den neuesten Stand der Dinge informiere, erwähne ich beiläufig mein Vorhaben. Ob sie eventuell die E-Mail-Adresse dieses verheirateten Mannes, der mich lange nach dem Aus noch immer stalkte, habe?

Sie meint nur, dass er eben gerade bei ihr sitze und mit ihr zusammen Kaffee trinke. Ich könne gleich selber mit ihm sprechen. Nun, das geht mir jetzt bereits wieder etwas zu schnell. Ich überlege kurz und bin einverstanden. Besser gleich, dann habe ich das hinter mir.

Die vertraute, angenehme, tiefe, ruhige Stimme scheint Jahre in einem Atemzug wegzufegen. Wir tauschen erst ehrliche Freude darüber aus, einander zu hören. Dann erkundigt er sich vorsichtig über meine Situation. Er als Indio weiss sehr wohl, wozu Männer aus Lateinamerika fähig sind. Und er kann sich denken, dass ich meine Mamma nicht unnötig beunruhigen und die Lage vermutlich positiver schildern würde, als diese tatsächlich ist. Womit er richtig liegt.

Er fliege in ein paar Tagen nach El Salvador. Er könne es so organisieren, dass er auf der Rückreise einen Zwischenhalt einlege und für zwei Tage nach Mexiko kommen würde. Ob ich das wolle?

Ich will aufräumen, Dinge klären und dann in Frieden loslassen. Dazu kommt es nicht in diesem kurzen Gespräch. Auch nicht in den folgenden Telefonaten.

Einerseits bin ich extrem dankbar für diesen Lichtblick – auch wenn ich zu diesem Zeitpunkt noch nicht weiss, was ich mir von diesem zweitägigen Besuch verspreche. Andererseits verspüre ich in der Magengegend ein komisches Gefühl.

Ich will auf keinen Fall in eine weitere Abhängigkeit geraten, geschweige denn alte Geschichten aufwärmen.

Das Verdikt meiner Freundin ist äusserst mild. Sie ist gespannt, wie sich dieser Mann, von dem ich ihr auch schon erzählt habe, mir gegenüber verhält. Vielleicht kann er ja wirklich helfen?

Ich ordne für mich das Ganze als Fügung des Schicksals ein.

Riesgo – nicht ohne meine Tochter

13. Fracaso – gescheiterter Versuch

Dieser Mann kommt tatsächlich nach Cuernavaca. Es ist der 11. Januar 2005, mein 34. Geburtstag. Ich hole ihn zusammen mit Milena am Carparkplatz ab.

Unsere Begrüssung fällt unspektakulär und zurückhaltend aus, dafür herzt er Milena umso mehr und freut sich sichtlich, meine kleine süsse Tochter zu umsorgen. Die Freude ist gegenseitig: Milena will nur noch von ihm auf dem Arm getragen werden, mit ihm spielen, sich von ihm füttern und in den Schlaf wiegen lassen.

Meine Freundin überrascht mich am Nachmittag mit selbst gebackenem Kuchen und einem silbernen Teelicht mit Sternmotiv. Dankbar lasse ich mich in diesem kleinen Kreis feiern.

Am Abend sprechen wir noch lange mit meiner Freundin, bevor wir dann meinen Koffer mit all den Kinderkleidern für Milena und meinen wenigen Habseligkeiten packen. Milenas Lieblingsspielzeug, den Töff aus Plastik, lasse ich über meine Freundin den Kindern ihrer Putzfrau schenken. Wir nehmen nur die Musikbox mit – das »Müsigli«, wie wir es bis heute nennen.

Nach einer kurzen Nacht, in welcher sich Milena übergeben muss – sie muss die bevorstehende grosse Reise geahnt haben – verabschiede ich mich von meiner Freundin. Es fällt mir nicht leicht, auch wenn ich ganz klar die Rückkehr in die Schweiz vor meinen Augen habe.

In der langen, herzlichen Umarmung übermitteln wir uns gegenseitig ohne grosse Worte die besten Wünsche für den weiteren Weg. Ich verspreche, mich bei ihr zu melden. Sie versichert mir, am Colegio nichts von meinen Plänen zu verraten.

Ein auf der Strasse gerufenes Taxi bringt uns mit dem Gepäck zum Carparkplatz in Cuernavaca, von wo aus wir die Fahrt nach México D.F. antreten. Am Flughafen angekommen deponieren wir unsere Koffer in einem Schliessfach und machen uns gleich auf den Weg in das berüchtigte Viertel.

Während wir unwissend der Hauptstrasse entlanggehen, quatscht mein Begleiter unvermittelt Männer an, die an Hausmauern gelehnt aufmerksam das Treiben beobachten. Als hätten diese auf diese leise gemurmelte Frage gewartet, werden wir von einer Hausecke zur nächsten geleitet, bis wir vor einem Gebäude stehen und in den weiss ich wievielten Stock geheissen werden. Dort sollen wir nach dem Passbüro fragen.

Wir werden in diesem Irrgarten von unzähligen Arbeitsplätzen zu einem schmierigen Typen weitergereicht, der bereit ist, einen Pass für Milena auszustellen – für 1'000 Pesos. Ich schlucke leer, überlege aber nicht lange und nicke als Zustimmung mit dem Kopf. Der Typ verlangt die Vorauszahlung bar auf die Hand. Ich krame das in den letzten Monaten gesparte Geld aus meiner Handtasche. Ich will wissen, wie lange es denn dauere, bis der Pass ausgestellt sei? Etwa zwei bis drei Stunden. Von den mit Milena vorab gemachten Passfotos lasse ich eines dort.

Um die Wartezeit zu verkürzen, lädt uns mein Begleiter in ein feines Restaurant ein, wo wir prächtig verköstigt werden. Milena und ich geniessen die unbeschwerten Stunden in Gesellschaft. Ich fühle mich beschützt.

Zurück im Gebäude mit den vielen Stockwerken, den unübersichtlichen Gängen und den unzähligen Büros erwartet uns eine böse Überraschung. Keiner will von unserem Fall etwas wissen. Keiner kennt den Typen, der mir das Geld bereits abgeknöpft hat. Keiner hat den Auftrag erhalten, einen Pass für Milena auszustellen. Knallhart klatscht uns die Realität ins Gesicht: wir wurden kaltblütig übers Ohr gehauen.

Meine Hoffnung ist auf den Nullpunkt gesunken. Mit hängenden Köpfen fahren wir zurück zum Flughafen. Mein Begleiter meint nur, so etwas könne nur in Mexiko passieren. Weder in seinem noch einem anderen lateinamerikanischen Land würden Einheimische andere Leute so schlecht behandeln.

In diesem Moment fällt mir erneut seine seit jeher despektierliche Haltung gegenüber Mexiko, und allem was dazugehört, auf. Wut, Enttäuschung und Verzweiflung wechseln sich auf meinem Gefühlskarussell munter ab. Solche Bemerkungen helfen mir jetzt auch nicht weiter! Was ist jetzt zu tun? Fieberhaft versuche ich zu überlegen und einen klaren Gedanken zu fassen.

Mein Begleiter tritt in zwei Stunden die Rückreise in die Schweiz an. Und ich? Was soll ich tun? Wo soll ich mit Milena hin? Zurück nach Cuernavaca? Ich drohe den Verstand zu verlieren.

Kurz vor dem Abschied schreibt mir mein Begleiter die Adresse einer Bekannten seines Bruders, die in Aguascalientes wohnt, auf einen Zettel. Er werde sie jetzt gleich kontaktieren und sie darum beten, mich bei ihr aufzunehmen. Ich solle mit dem nächsten Car dorthin fahren. Wir holen unser Gepäck im Schliessfach. Mit einer letzten Umarmung verabschieden wir uns.

Nun stehe ich also ganz alleine da. Auf dem Flughafen einer der grössten Metropolen der Welt. Mit Milena auf meinem Arm, meinem ungeborenen Kind im Bauch und dem grossen Koffer mit allen unseren Habseligkeiten neben mir. Noch nie fühlte ich mich so verlassen und verzweifelt wie in diesem Moment.

14.   Ayuda – Hilfe von unbekannt

Ich darf mich von dieser schockierenden Erkenntnis und dem lähmenden Gefühlsstrudel auf keinen Fall übermannen lassen. Ich muss meinen Verstand benutzen, nachdenken, überlegen, den nächsten Schritt planen.

Ich muss nach Aguascalientes fahren, also muss ich erst irgendwie zum Carbahnhof kommen.

Da ich in Mexiko noch nie mit der U-Bahn gefahren bin und mich in diesem Wirrwarr von verschiedenen Linien, Ebenen, Richtungen etc. nicht zurechtfinden kann, nehme ich ein Taxi. Ich besorge die Reisekarten für mich und Milena nach Aguascalientes.

Die lange Wartezeit ist für Milena eine Tortur: sie ist müde, hat Hunger, es ist ihr heiss, ich muss ihre Windeln wechseln. Ich darf den Koffer auf keinen Fall aus den Augen lassen, nicht einen Moment. Ich muss auf die Toilette. Wem von all den wartenden Personen kann ich trauen? Niemandem. Ich nehme Kind und Koffer mit.

Endlich können wir in den Bus einsteigen. Es folgt eine beschwerliche siebenstündige Fahrt durch die Nacht, welche uns durch drei Bundesstaaten führt. Die Klimaanlage lässt sich nicht abstellen, wir frieren. Milena liegt mit dem Kopf auf meinem Schoss, kann aber nicht schlafen. Die Sitzposition ist für mein ungeborenes Kind und mich nicht gerade ideal. Das Kind nimmt sich den benötigten Platz, mir drückt es stundenlang auf die Organe. Ich habe grosse Schmerzen, das rechte Bein spüre ich nicht mehr. In der Verzweiflung murmle ich ein Stossgebet gen Himmel.

Am Ziel angelangt steige ich steif und ungelenk aus. Wir müssen der Person, von der ich bloss die Beschreibung kenne, sofort aufgefallen sein. Eine kleingewachsene, ältere Frau mit sonnengegerbtem Gesicht und schlohweissem kurzen Haar kommt auf mich zu und sagt: »Du musst die Schweizerin sein. Bienvenido en Aguascalientes! Yo me llamo Graciela.« Wir umarmen uns, als wären wir alte Bekannte.

In den folgenden zwei Tagen beherbergt uns diese herzensgute Dame, ermöglicht uns so ein Dach über dem Kopf, teilt mit uns ihre spärlichen Essensvorräte, lässt uns auf ihrem Sofa schlafen. In dieser kurzen Zeit sprechen wir viel miteinander. Es tut mir gut, mich mit ihr auszutauschen. Sie will alles wissen, auch wie ich zum Bruder ihres Ex-Schwiegersohnes stehe.

Und sie erzählt mir von ihrer Tochter, die in México D.F. wohne und mir ganz sicher weiterhelfen könne beim Unterfangen, einen Pass für Milena zu beschaffen. Vom Telefon einer Nachbarin aus organisiert sie, dass ich zwei Tage später bei der Familie ihrer Tochter in der Hauptstadt aufgenommen werde und mir weitergeholfen wird.

In der Nacht fallen die Temperaturen, am Morgen ist es empfindlich kalt, was durch den heftigen Wind noch verstärkt wird. Graciela meint, ihr Heimatort mache seinem Namen eben alle Ehre: nicht nur die Wasser seien hier kalt, auch der stets vorhandene Wind. Ich bin froh, habe ich für Milena genug Kleider für kalte Tage eingepackt.

Auf dem Markt kaufe ich mir einen Strickpullover – und einen Buggy. Bisher habe ich Milena immer auf dem Arm getragen. Im Hinblick auf die angestrebte Rückreise in die Schweiz empfiehlt mir Graciela, ein solch leichtes, zusammenklappbares Modell zu kaufen, damit ich es auf dem Flughafen leichter hätte. Das leuchtet ein und ich werde die Vorzüge eines solchen Gefährts noch schätzen lernen.

Am nächsten Morgen begleitet uns die liebgewonnene ältere Frau mit den vielen Lachfältchen im Gesicht zurück zur Bushaltestelle. Wir umarmen uns ein letztes Mal im Wissen, dass wir uns wohl nie mehr sehen werden.

Spontan zieht sie ihren wunderschönen weissen Umhang mit ange-
nähtem Schal aus Flies aus und hüllt mich darin ein. Ich würde doch
immer frieren, und in der Schweiz sei ja jetzt Winter und bestimmt kalt.
Mit Tränen der Dankbarkeit nehme ich das grosszügige Geschenk an
und drücke sie nochmals fest, bevor ich zum Bus eile, den Koffer und
Buggy im Laderaum verstaue und mit Milena den Bus besteige.

Die Fahrt empfinde ich nicht mehr so anstrengend. Ob dies wohl mit
der neu aufkeimenden Hoffnung auf eine andere Möglichkeit, mein
Problem zu lösen, zu tun hat?

Gracielas Tochter holt uns am Busbahnhof in México D.F. ab. Sie erkennt uns gleich aufgrund der Beschreibung, die sie von ihrer Mutter
erhalten haben muss – und am weissen Umhang. Vor dem Gebäude
wartet ihr Mann, der Taxifahrer ist. Das Gepäck wird uns abgenommen
und in das typisch mexikanische Taxi verfrachtet: grüner VW-Käfer mit
weissem Dach, auf der Beifahrerseite keinen Sitz, so dass man schneller
einsteigen kann. Die Frau und ich quetschen uns mit Milena auf den
Rücksitz neben den Koffer, der im Kofferraum mit dem besten Willen
keinen Platz hat.

Die Familie wohnt im etwa 10 km vom Zentrum entfernten Stadtteil
Iztapalapa, wo wir herzlich aufgenommen werden. Ihre Wohnung besteht aus einem ca. 16 m² grossen Wohn-/Schlafraum und einem separaten kleinen Zimmer, in welchem ihre beiden fast erwachsenen Söhne
in einem Doppelstockbett schlafen. Eine Koch- und Abwaschnische befindet sich vor dem Wohnungseingang im Hof. Auf der anderen Seite
des Hofes befinden sich die sonstigen sanitären Anlagen: die kleine Dusche und das WC werden von allen Bewohnern dieser Überbauung benutzt.

Als wäre es das Selbstverständlichste der Welt überlässt das Ehepaar mir und Milena ihr Ehebett, sie selber werden im Zimmer ihrer

Söhne auf dem Boden schlafen. Wir sollen uns ausruhen, sie werde sich um das Essen kümmern. Erschöpft von der langen Fahrt und überwältigt von den ersten Eindrücken der sich erneut ändernden Umstände falle ich sofort in einen tiefen Schlaf. Milena, die nach ein paar Stunden wieder munter auf den Beinen ist, wird von unseren neuen Schutzengeln betreut.

Ich bin der Familie auf ewig dankbar für die folgenden zwei Wochen, während denen ich selbstlose Hilfe, tatkräftige Unterstützung, wahre Nächstenliebe und so etwas wie Familiengefühl erlebe. Schnell lerne ich die nächstgelegenen Strassen mit den unzähligen kleinen Geschäften kennen und weiss, was wo günstig zu kriegen ist. Auch wenn es eigentlich immer an Geld mangelt, schaffen wir es stets, fröhlich zusammen mit den auf dem Markt sparsam eingekauften Lebensmitteln Essen für sechs Personen auf den Tisch zu zaubern. Ich beteilige mich finanziell, helfe im Haushalt – irgendwie geht es immer.

Milena kann in dieser Zeit Vertrauen zu unseren zuvor unbekannten Helfern aufbauen. Einmal nur kommt es zu einer Situation, welche mir aufzeigt, wie heftig die Tragweite des Geschehenen ist und welchen Schaden dies bei Milena angerichtet hat.

Die beiden halbwüchsigen Söhne raufen sich zum Spass in ihrem Zimmer. Milena sieht das vom Wohnzimmer aus und beginnt mit vor Schock weit aufgerissenen Augen heftig zu schreien. Alle Versuche der Jungs und von uns beiden Frauen, sie zu trösten, scheinen fehlzuschlagen. Sie schluchzt noch lange, kann sich beinahe nicht beruhigen.

Die Söhne werden von der Mutter gemassregelt. Ich beschwichtige und halte fest, dass sie doch nichts dafürkönnen.

Ich werde mir bewusst, wie immens schwierig das Ganze für Milena sein muss. Dieses schreckliche Erlebte, das tief in ihre Seele eingebrannt ist, sie nicht in Worte fassen und sie somit ihre Gefühle nicht äussern kann.

Zudem sind wir seit einer Woche wie Flüchtlinge unterwegs, haben keinen festen Wohnort mehr. Stets wechselnde Orte mit neuen Personen – ich bin das Einzige, was ihr als sicherer Wert bleibt. Was tue ich meinen beiden Kindern bloss an? Mir wird schwindlig vor schlechtem Gewissen.

Ich habe das Zeitgefühl verloren. Mir kommt es so vor, als sei ich schon viel zu lang hier. Ich habe mich schnell eingelebt, was ich dieses Mal allerdings nicht positiv werte. Ich möchte nicht undankbar erscheinen, aber ich möchte so schnell wie möglich in die Schweiz zurück.

Doch ich kann die Dinge nicht beschleunigen, ich bin auf Gedeih und Verderb auf eine erfolgreiche Vermittlung durch meine Schutzengel angewiesen: Sie knüpfen im Hintergrund Kontakt zu ihnen flüchtig bekannten Personen, die sich auf das krumme Geschäft spezialisiert haben und es professionell betreiben.

In meiner Ungeduld kontaktiere ich meinen Freund in der Schweiz, der mir bei der Passbeschaffung helfen wollte. Ich habe herausgefunden, in welchem der Läden die Telefonkarten am günstigsten sind. Ich rufe aus einer öffentlichen Telefonzelle an.

Er fragt nach, ob alles gut gegangen sei mit der Fahrt nach Aguascalientes? Längst vorbei. Ich umreisse schnell die neue Situation. Er macht mir Mut, es werde alles gut kommen. Da mein Salärkonto in Mexiko ausgeschöpft ist, schickt er mir eine grössere Summe Geld per Western Union, welche ich in einem der grossen Einkaufszentren abholen kann.

Ich hocke mich also zusammen mit Milena in ein Taxi und lasse mich in die nächstgelegene Filiale der Ladenkette »Commercial« fahren. Der neugierige Taxifahrer fragt mich nach dem Grund. Ich weiche erst aus. Er bohrt weiter, weshalb es denn genau der »Commercial« sein müsse? Ich antworte unüberlegt, ich müsse eine Überweisung, die per Western Union gemacht worden sei, abholen. Ob er eine nähere Adresse wisse? Er verneint. Im gleichen Moment könnte ich mich für meine schnelle Zunge ohrfeigen.

Wie kann ich nur preisgeben, was ich zu tun habe? Und dann noch genau ein solches Unterfangen! Ich besinne mich auf die Tatsache, dass ich mich hier in einer der kriminellsten Grossstädte befinde und ich mich – alleine mit meiner kleinen Tochter, schwanger – in einem mir unbekannten Stadtviertel in einem Taxi aufmache, um mir eine grössere Summe Bargeld auszahlen zu lassen.

Beim Einkaufszentrum angekommen beeile ich mich mit der Bezahlung und verabschiede mich freundlich. Aufdringlich bietet mir der Taxichauffeur an, er würde draussen auf mich warten. Ich winke dankend ab und verschwinde schnell im Innern des Gebäudes.

Hier frage ich mich bis zur zuständigen Person durch. Diese holt schliesslich den Filialleiter, der mir leicht nervös mitteilt, dass ich warten müsse, weil sie nicht so viel Bargeld vor Ort hätten. Das ist jetzt auch mir unangenehm. Ich setze mich mit Milena in der Eingangshalle beim Kopierapparat auf einen der Stühle und warte.

Mit Entsetzen muss ich feststellen, dass der Taxichauffeur immer noch draussen auf dem Parkplatz steht und offensichtlich sein Vorhaben wahrmacht. Bloss gut, sieht man durch die getönten Scheiben nur von innen nach aussen! Dennoch schwitze ich vor Aufregung.

Eine halbe Stunde kommt der Filialleiter und bittet mich erneut um etwas Geduld. In meiner Angst erzähle ich ihm von meinen Befürchtungen betreffend den Taxichauffeur und flehe ihn an, mir zu helfen.

Der junge Mann scheint offensichtlich meine Lage ernst zu nehmen. Er schreitet nach draussen und komplimentiert den Taxifahrer weg unter dem Vorwand, er würde hier unnötig den Parkplatz besetzen. Er lässt offenbar auch die Beteuerungen des Taxifahrers, er müsse hier auf jemanden warten, nicht gelten. Durch die Fensterscheibe sehe ich, wie der Taxifahrer schliesslich sichtlich wütend davonbraust. Ein Stein fällt mir vom Herzen.

Hoffentlich will es der Zufall nicht, dass dieser Mensch nicht just zu der Zeit, wenn ich aus dem Einkaufszentrum herauskommen werde, wieder vor dem Eingang steht.

Milena quengelt, sie ist müde. Und ich muss ihr die Windeln wechseln. Kurzerhand funktioniere ich den Kopierapparat zum Wickeltisch um. Ich kann es nicht riskieren, den Filialleiter mit dem Geld zu verpassen, bloss, weil ich jetzt eine Toilette aufsuchen musste. Milena findet das nicht gerade angenehm, in diesem Moment geht es aber gerade nicht anders. Danach warten wir eine weitere halbe Stunde – es hätte also doch locker gereicht…

Der Filialleiter bittet mich, mit ihm in sein Büro zu kommen. Ich zögere kurz, entscheide dann aber, dass ich diesem Mann vertrauen kann. Ich folge ihm also über das Treppenhaus in die obere Etage. In seinem Büro zählt er das Geld vor meinen Augen ab: 15'000 Pesos. Das wird sicherlich für Pass und Flugticket reichen. Ich stecke das Geld schnell in meine Handtasche, bedanke mich für die Bemühungen und verlasse das Gebäude mit Milena auf dem Arm in betont lässiger Ruhe.

Die draussen wartenden Taxis respektive deren Fahrer habe ich bereits durch die Fensterscheiben inspiziert. Zielstrebig gehe ich auf eines der Taxis zu, steige schnell ein und nenne die Adresse. Auf dieser Fahrt beschränke ich meinen Gesprächsanteil auf harmlosen Smalltalk.

15. Pinchazo de adrenalina – wie im Film

Es ist Freitag, der 28. Januar 2005, als wir dieses Ehepaar treffen, welches mir den Erwerb eines offiziellen Reisedokuments für Milena ermöglichen soll. Ziel der Begegnung ist, dass sich Milena und dieser Mann kennenlernen können, da dies für den weiteren Verlauf wichtig sein wird.

Ich solle keine Fragen stellen, nicht wie gewohnt freimütig plaudern und nur darauf antworten, was ich gefragt werde. Mitbringen muss ich zwei Passfotos von Milena, ihre Geburtsurkunde und das Geld. Sie verlangen 5'000 Pesos für ihre Dienste.

Ich halte mich genau an die Instruktionen.

Die beiden Personen Mitte vierzig sind auffallend gut gekleidet und machen einen seriösen Eindruck. Das professionelle Betreiben dieses Geschäfts muss lukrativ sein. Ich werde mit einem starken Händedruck begrüsst, dann geht es gleich zur Sache.

Sie hätten – wie sie das stets zu tun pflegen, bevor sie einen Auftrag annehmen – in einem Ritual die Geister befragt, wie hoch die Erfolgsquote dieses Unterfangens sei. Die Chancen stünden gut.

Deshalb tragen sie also diese langen Ketten aus Fruchtkernen gespickt mit farbigen Glasplättchen um den Hals. Irgendwie passt dieser auffällige Schmuck nicht zu ihrem sonstigen Erscheinungsbild. Als hätten sie meine Mutmassungen aus meinem Gesicht ablesen können, erklären sie kurz, dass dies zum Schutz von uns allen sei.

Der Mann nimmt Milena auf den Arm, spricht mit ihr und bringt sie zum Lachen. In der Zwischenzeit werde ich von der Frau informiert, wie das Ganze ablaufen wird.

Ihr Mann wird den Vater von Milena mimen. Zusammen mit ihm werden wir im offiziellen Passbüro am Schalter gegen Vorweisung der Papiere und Unterschrift von uns beiden das Reisedokument erhalten.

Ob ich die Passfotos und die Geburtsurkunde dabeihätte? Ich händige die verlangten Unterlagen sowie das Geld der Frau aus. Sie nimmt diese entgegen und meint nur, wir würden uns in ein paar Stunden wieder hier in der Seitenstrasse neben dem Verwaltungsgebäude treffen.

Eine weitere Person werde in einem amerikanischen Oldtimer vorfahren, sei also nicht zu verfehlen. Wir verabschieden uns schnell, sie verschwinden mit einem eleganten Neuwagen.

Meine beiden Schutzengel bleiben auch in den kommenden Stunden an meiner Seite.

Die Wartezeit kommt mir wie eine Ewigkeit vor. Ich bin so froh, dass ich in diesem Moment der totalen Anspannung nicht alleine bin. Nach zwei Stunden beginnen wir, die Strasse möglichst unauffällig zu beobachten. Wir fragen uns, wann wir das besagte Auto erspähen würden.

Zweifel machen sich in mir breit: Ob diese Leute mich nicht auch wieder übers Ohr hauen? Rasch verscheuche ich diese negativen Gedanken. Es MUSS jetzt einfach klappen!

Da erblicken wir im Gegenlicht der tiefstehenden Nachmittagssonne einen Buick aus den Sechzigerjahren. Das muss er sein, unser Kontaktmann. Das Adrenalin schiesst mir ins Blut, ich fühle mich in einen Wildwest-Film versetzt.

Ein älterer, schmuddeliger Mann steigt aus dem Oldtimer. Wir begrüssen uns, ohne uns die Hand zu reichen.

Ich schlage vor, im gleich an der Ecke gelegenen Restaurant draussen auf das gut betuchte Ehepaar zu warten, die kurz danach eintreffen. Als Dank lade ich die mir unbekannten Personen zu Tacos und Cola ein. Wie in Mexiko üblich lehnen diese erst ab, nach meiner zweiten Offerte wird das Angebot schliesslich angenommen.

Nach der Verköstigung drückt uns der Mann mit Amischlitten die nötigen Papiere in die Hand und gibt uns die letzten Anweisungen, bevor sich unsere Wege ohne Verabschiedung wieder trennen. Ich schaue dem tollen Auto nach, wie es davonbraust.

Jetzt bin ich so richtig nervös. Der rasende Puls lässt mich schnell und flach atmen. Ich versuche, mich mit mentalem Taiji zu ruhigen, bewussten Atemzügen zu zwingen.

Milena kommt auf den rechten Arm des Mannes, ich habe mich an dessen linken Arm eingehängt. Mir werden letzte kurze Anweisungen von der Frau gegeben. Dann schreiten wir bewusst locker und unbeschwert auf das Verwaltungsgebäude zu.

Zur genau mitgeteilten Zeit stellen wir uns im Gebäude beim Schalter 3 in die Warteschlange. Wir werden aufgerufen. Wir begeben uns nach vorne.

Als »Familie« geben wir die Papiere ab, welche von der hübschen jungen Frau flüchtig geprüft und abgestempelt werden. Sie reicht diese weiter und bittet uns, kurz zu warten. Wir spielen indes unsere Rollen gut als unauffälliges Paar mit kleinem Kind.

Nur wenige Minuten später streckt uns die Mitarbeiterin den Pass für Milena entgegen. Ein letztes Formular, das den Erhalt des Dokumentes bestätigt, wird von uns »Eltern« unterschrieben. Die Gebühr von 340 Pesos bezahlt »mein Mann«, während ich den Pass in meine Handtasche stecke. Wir bedanken uns und steuern auf den Ausgang zu.

In meinen Ohren rauscht das Blut einem tosenden Wasserfall gleich. Ich spüre, wie meine Beine schwach werden. Oh nein, jetzt bloss nicht in Ohnmacht fallen! Der Mann drückt meinen eingehakten Arm fester und raunt mir zu: »Todo está bien. Todo va salir bien.«

In der Seitenstrasse warten meine Schutzengel und die Ehefrau des Mannes, der mir eben ermöglicht hat, zusammen mit meiner Tochter das Land verlassen zu können.

Das Ehepaar verabschiedet sich eilig mit wenigen Worten. Sie steigen in ihr Auto ein und fahren weg. Zwei weitere Personen, denen ich so viel zu verdanken habe und die ich nie mehr sehen werde.

16. Adiós – One-way-Ticket

Der Taxifahrer und seine Frau bringen mich und Milena anschliessend sofort zum Flughafen. Gut vorbereitet auf diesen seit Wochen ersehnten Moment habe ich den Koffer bereits am Morgen gepackt und im Taxi meiner Helfersfamilie verstaut.

Mittlerweile ist es Abend. Hastig klappern wir die Schalter ab, ob bei irgendeiner Fluggesellschaft noch ein Ticket nach Zürich zu ergattern ist. Negativ. Die früheste Möglichkeit ist am Folgetag – via Paris. Ohne den überhöhten Preis zu beachten kaufe ich das one-way-Ticket.

Der prüfende Blick der Dame am Schalter auf meinen Bauch verunsichert mich einen kurzen Moment. Ich reisse mich zusammen und wahre meine Haltung. So nah am Ziel lasse ich mir den Weg in die Freiheit von nichts und niemandem mehr verwehren. Bloss gut, dass mein Kind sich nicht schon den Platz nimmt, wie es in diesem Stadium der Schwangerschaft eigentlich üblich ist. Ich brauche der Dame ja nicht zu sagen, dass ich schon im siebten Monat schwanger bin. Normalerweise lassen sie einen in diesem Zustand nicht mehr fliegen.

Wir fahren also nochmals zurück in den Stadtteil Ixtapalapa, wo wir eine letzte Nacht bei unseren Schutzengeln verbringen. Nach diesem langen und aufregenden Tag schläft Milena sofort ein.

Bevor wir uns schlafen legen, rufe ich meinen Helfer in der Schweiz an, um ihm mitzuteilen, dass wir morgen fliegen und am 30. Januar 2005 gegen Mittag am Flughafen Kloten ankommen werden. Er solle doch bitte meine Mamma darüber informieren, was er mir tags darauf zu tun verspricht. Das Guthaben auf der Telefonkarte reicht gerade noch, um die genauen Flugdaten mit Transfer in Paris durchzugeben. Dann wird die Leitung unterbrochen. Ich bin gespannt, ob uns jemand am Flughafen abholen wird.

Ich weiss nicht mehr, wie lange wir noch zusammengesessen sind und gesprochen haben. Schliesslich mahnt mich die Frau, mich auszuruhen. Wir legen uns alle schlafen – ich kann kein Auge zutun.

Heute ist also der grosse Tag. Es ist Samstag, der 29. Januar 2005.

Erst verabschiede ich mich von den beiden Söhnen meiner Helfersfamilie. Dann halten die Mutter und ich uns lange fest umarmt und wünschen uns nur das Beste für die Zukunft. Ich merke wie sich mir die Kehle zuschnürt und die Augen wässerig werden.

Ich löse mich aus der Umarmung, bedanke mich nochmals für all die Liebe und Hilfe, die ich von ihr und ihrer Familie erfahren durfte, und steige schliesslich zusammen mit Milena schnell ins Taxi ihres Mannes, welcher uns wieder zum Flughafen bringt.

Ich rufe ihr noch zu, dass sie auf dem Esstisch unter dem Serviettenhalter noch etwas vorfinden würde. Nie hätte sie Geld von mir angenommen, daher habe ich ihr meine letzten Pesos-Scheine dort deponiert. Das Kleingeld wird gerade noch für meine restlichen verbleibenden paar Stunden reichen.

Der Mann hilft mir bei der Gepäckaufgabe mit dem grossen, schweren Koffer. Den Buggy kann ich ins Flugzeug mitnehmen. Dann umarmen auch wir uns ein letztes Mal.

Der Mann wünscht mir und meinen Kindern alles Gute in meiner Heimat. Ich bedanke mich auch bei ihm für diese unvergleichliche Hilfe, die ich von ihnen erfahren durfte. Wieder kämpfe ich mit dem Kloss im Hals. Er winkt uns ein letztes Mal zu, dann dreht er sich um und verschwindet in der Menschenmenge.

Jetzt bin ich ganz allein auf mich gestellt. Ich atme tief durch und stosse den Buggy mit Milena in die entgegengesetzte Richtung. Die letzte grosse Hürde gilt es jetzt zu überwinden.

Mit einem freundlich unschuldigen Lächeln weise ich unsere beiden Pässe vor – der ältere Herr winkt uns durch. Mein Herzschlag rutscht vom Hals wieder an seinen angestammten Platz, und ein gefühlter ganzer Steinbruch fällt von meinen Schultern. Ich kann es kaum glauben, doch wir lassen die Passkontrolle unbehelligt hinter uns! Ich schicke ein Stossgebet zum Himmel und danke Gott für seine Gnade.

Danach passieren wir problemlos die Sicherheitskontrolle, welche das Stadium meiner Schwangerschaft nicht als das erkennen, welches es tatsächlich ist und es somit für nicht risikoreich einstufen.

Das Warten auf das Boarding kommt mir vor wie eine Ewigkeit. Ich tröste mich mit der Gewissheit, dass dieser Albtraum in etwas mehr als einer Stunde vorbei sein wird.

Mit einiger Verspätung können wir die grosse Maschine besteigen. Ich komme neben einer freundlichen Mexikanerin zu sitzen.

Milena nehme ich auf meinen Schoss und schnalle den Extragurt für Kleinkinder an meiner Sicherung an. Milena aber ist nicht in Stimmung, still zu sitzen. Sie quengelt und will sich aus diesem Gurt herauswinden.

Meine Sitznachbarin beginnt sofort mit Milena zu spielen und nimmt sie mir auch ab, während wir auf den Abflug warten.

Endlich kommt Bewegung in die Sache. Wir rollen Richtung Startbahn. Nach einer weiteren Wartezeit beginnt der Countdown. Das Flugzeug beschleunigt, braust mit erhöhter Geschwindigkeit und dröhnendem Getöse über die Piste und hebt schliesslich ab.

Ich lehne mich im Sitz zurück, meine Tochter Milena auf meinem gewölbten Bauch in meinen Armen haltend, und schliesse die Augen. Ich unterdrücke ein Schluchzen der Erleichterung und atme tief aus. Zwei Tränen rollen über meine Wangen.

Epilog

»Beginne damit, das Nötige zu tun.
Dann tue das Mögliche
und plötzlich tust du das Unmögliche.«

(Franz von Assisi)

Danksagung

meine Mutter	mein Fels in der Brandung, mein Leuchtturm
mein Vater	mein Held, mein Vorbild
meine Geschwister	für das Dasein und die schöne gemeinsame Kindheit
Milena und Natalia	für das Erfahren der Liebe in Höchstform
Juan Carlos	ohne dich hätte ich meine Kinder nicht
Mama Tere	verständnisvolle Verbündete für einen kurzen Lebensabschnitt
Lehrerin im Colegio *	für deinen unerschrockenen Mut und deine unvergleichliche Hilfe
Araceli	für das Aufrütteln, mich wieder auf meine Rechte zu besinnen
Corinne Huber	für deine langjährige unerschütterliche Freundschaft
verheirateter Mann *	für das Vermitteln und die finanzielle Überbrückung
Graciela	für das Obdach und die grösste Hilfe in der unsichersten Zeit

Graciela's Tochter & Familie	für das Obdach und die grösste Hilfe in der unsichersten Zeit
unbekannte Helfer	für das Ermöglichen der Rückreise in die Heimat
Sarah Milena Pfister	für deine erste Ermutigung, dieses Buch zu schreiben
Monika Bachmann	für deine langjährige unerschütterliche Freundschaft und deine Einschätzung nach der Lektüre des ersten Teils
Sergio Magnani † 27.10.2019	für deine langjährige unerschütterliche Freundschaft und deine beharrliche Ermutigung und Ermahnung, dieses Buch zu schreiben
Senia Theiler	für das erste kritische Lektorat mit Korrekturen
Xenia Milne	für deine rechtliche Beratung
Gloria Pozzi Witschi	für deine werbetechnische Beratung

* Name auf Wunsch nicht erwähnt

Glossar

día libre	freier Tag
bajo el mismo techo	unter einem Dach
cucaracha	Kakerlake
chanclas	Flipflops
patio	Hinterhof
bienvenido en México	Willkommen in Mexiko
mirada atrás	der Blick zurück
sueños de niña	Mädchenträume
»El cóndor pasa«	*Lied:* der Kondor fliegt vorbei
»Que sera mi vida?«	*Lied:* Was wird mein Leben sein?
»Cuba, quiero bailar la Salsa!«	*Lied:* Kuba, ich will Salsa tanzen!
te quiero mucho	ich hab' dich sehr lieb
príncipe azúl	Traumprinz
aretes	Ohrringe
»Vivir lo nuestro«	*Lied:* das Unsere leben
»Veinte años«	*Lied:* zwanzig Jahre

somos novios	wir sind ein Paar
Somos novios o que?!	Sind wir ein Paar oder was?!
la primera vez	das erste Mal
calle	Strasse
carnal	leiblich; ugs. Busenfreund
Que pasa?	Was ist los?
Oístes?!	Hörst du?! Hast du gehört?!
Tú no me dices nada!	Du hast mir gar nichts zu sagen!
México de nuevo	erneut Mexiko
machete	Buschmesser, Machete
Dios mío!	Mein Gott!
amor loco	verrückte Liebe
esfuerzo	die Bemühung
mi amor	mein Liebster
Soy yo.	Ich bin es.
Como te sientes?	Wie fühlst du dich?
pendeja (f.)	Arschloch
poco loco	ein bisschen verrückt

felíz navidad	fröhliche Weihnachten
y próspero año nuevo	und ein gutes neues Jahr
el brujo	Zauberer, Hexer
hermanita	Schwesterlein
Ojalá que pueda vivirlo.	Hoffentlich darf ich das erleben.
portagarrafón	Wasserflaschenhalter
desesperada	verzweifelt, hoffnungslos
visita de Mama Tere	Besuch von Mama Tere
Estoy sangrando.	Ich blute.
demasiado tarde	zu spät
Mèxico lindo	wunderschönes Mexiko
primeros días	die ersten Tage
querída	liebe
tranquilizacíon	Beruhigung
pre-primaria	Vorschule (CH: Vor-Kindergarten)
secundaria	Sekundarschule
telenovela	Seifenoper
gatito	Kätzchen (m.)

nacimiento	Geburt
seguro social	Sozialversicherung
Peso	mexikanische Währung (damals: 1 Fr ≈12 Pesos)
mercado de artesanías	Kunsthandwerksmarkt
cumpeaños felíz	Alles Gute zum Geburtstag
vida rural	Landleben
felíz cumpleaños	Herzlichen Glückwunsch zum Geburtstag
Bueno?	sinngemäss: Ja? Hallo? (Telefonkonversation)
mi casa es su casa	mein Haus ist Ihr Haus (Willkommensspruch)
Cállate ya!	Halt den Mund! ugs: Schnauze!
Ranchera	*Musikstil:* traditionell ländliche Folklore, mit Mariachi
salud, amor y dinero en abundancia!	Trinkspruch: Gesundheit, Liebe – und Geld im Überfluss!
»de schnäller isch de gschwinder«	sinngemäss: der Schnellere kommt zuerst
quinceañera	die Fünfzehnjährige

fiesta de quince años	Fest zur Feier des 15. Geburtstags
amigas	Freundinnen
»expat«	Person, die vorübergehend oder dauerhaft ihren Wohnsitz in einem anderen Land hat
»resident abroad«	im Ausland wohnhaft
hacer una tanda	typisch mexikanische Form von Kreditverleih
la tanda	der Turnus
Trátame bien!	Behandle mich gut!
co-dependencia	Mit-Abhängigkeit
Perdona!	Entschuldige!
Como estás, mi trompudita?	Wie geht es dir, mein kleines Trompetenmäulchen?
Me extrañastes?	Hast du mich vermisst?
Yo te extrañé muchisimo!	Ich habe dich sehr vermisst!
Erupción	der Ausbruch
perder los estribos	austicken, ein Hitzkopf sein
chismes	Klatsch, Geschwätz
chivearse	aus Angst die Flucht ergreifen

Voy a cobrar.	Ich gehe Geld eintreiben.
policía judicial	Kriminalpolizei
estar clavada	festsitzen
defensa de la infancia y familia	Verteidigung der Kinder/Jugend und Familie
depuración	Bereinigung
riesgo	das Wagnis
fracaso	das Scheitern
ayuda	die Hilfe
Bienvenido en Aguascalientes!	Herzlich willkommen in Aguascalientes!
Yo me llamo Graciela.	Ich heisse Graciela.
pinchazo de adrenalina	Adrenalinschub
Todo está bien.	Es ist alles gut.
Todo va salir bien.	Alles wird gut gehen.
adiós	Abschied, Lebewohl

Speisen & Esskultur

enchiladas	mit Käse überbackene, gefüllte Tortillas (ähnlich Cannelloni)
chiles rellenos	mit Käse gefüllte, scharfe Peperoni; paniert
pollo con salsa chili chipotle	Huhn mit scharfer Chipotle-Sauce
salsa de cacahuetes	Erdnuss-Sauce
mole	scharfe Schokoladen-Sauce
tacos	Tortilla gefüllt mit Zutaten nach Belieben
elotes	gegrillter Maiskolben mit cremiger Chili-Knoblauch-Sauce
pozole	traditioneller Eintopf mit vielen Varianten
tamales	traditionelles Gericht bestehend aus Maisteig, gefüllt mit Fleisch, Käse oder anderen Zutaten; wird in Pflanzenblätter eingehüllt gedämpft
sincronisadas	mexikanisches Sandwich: Tortilla, gefüllt mit Schinken, Käse, Saucen und jalapeños (und weiteren Zutaten nach Belieben)

quesadillas	Tortilla gefüllt mit Käse und Saucen nach Belieben
cochinita	scharfe mexikanische Version von pulled pork
tortillas	Fladen aus Mais- oder Weizenmehl; Basic für viele Gerichte
frijoles	Bohnen
salsa verde	Sauce aus grünen Tomaten, Chili, Knoblauch und Koriander
salsa roja	scharfe Sauce aus Tomaten, Chile de arból, Knoblauch, Zwiebeln, Koriander, Oregano, Zitronensaft
crema	Sauerrahm
jalapeños	milde Chilisorte
nopales	essbarer Kaktus
arroz con dulce / con leche	Milchreis
churros	Brühteig-Gebäck mit sternförmigem Querschnitt
platanos	Kochbananen
nieves	Glacé

Karte